RESPONCE

AVX PRINCIPAVX ARTICLES ET CHAPITRES de l'Apologie du Belloy, faulsement & à faux tiltre inscrite Apologie Catholique, pour la succession de Henry Roy de Nauarre à la couronne de France.

Traduict nouuellement du Latin sur la copie imprimee à Rome, par M. M.

M. D. LXXXVIII.

RESPONCE AVX

PRINCIPAVX ARTIcles, & Chapitres, de l'Apologie, inscrite faulsement, & à faux tiltre, Apologie Catholique pour la succeßion de Henry de Nauarre.

PREFACE.

DEPVIS peu de temps, il s'est mis en lumiere, auec quelques autres petits liurets heretiques, vne certaine Apologie imprimee à Paris, par E.D.L.I.C. (& ainsi l'Autheur d'icelle declare-il son nom obscurément,) laquelle, à ce que plus facilement elle trompe les moins aduisez, est intitulee Catholique. Ceste Apologie, est diuisee en quatre parties, dont la premiere, est vne description de la genealogie de la maison de Bourbon, l'autre declare deux obiections qui ont esté mises en auant, contre Henry de Nauarre autrefois Roy: c'est à sçauoir qu'il est bastard, & qui pire est, heretique. La troisiesme, declare la tierce obiection qui est que le mesme Henry, est criminel de leze majesté. Finalemẽt, la quatriesme partie contient ceste dispute & question, à sçauoir-mon, si l'oncle du costé du pere, doibt estre preferé à sõ nepueu, fils de son frere aisné au droict de succession, ou au contraire.

De toutes lesquelles choses, i'ay seulement deliberé de traicter celles qui appartiennent à la foy & religion Catholique Apostolique & Romaine, dont ledit autheur se dit estre professeur, *falso tamẽ*. Car le meschant qu'il est, ne cherche autre chose que de la destruire & ruyner totalement, soubs le beau nom de Catholiqne (finesse certainement accoustumee de telle canaille d'heretiques, comme luy ou plustost Atheiste.) Comme aussi, auons nous trouué bon par ceste mesme responce, traicter de ce qui appartiendra à la Bulle de N. S. P. Sixte cinquiesme à present seant, n'agueres donnee iustemẽt contre Henry de Nauarre, laquelle Bulle ce faux Catholique oppugne couuertement.

Parqvoy ie ne diray rien en cest endroit de la genealogie de la maiſon de Bourbon, rien du mariage des peres & mere dudit Henry, rien du crime de rebellion, rien des autres genres & eſpeces de maux qui luy ſont iuſtement obiectez. Mais ſeulement nous traicterons de la controuerſe du droict de ſucceſſion, entre l'oncle, & le nepueu, du coſté paternel. Car non ſeulement N.S.P. par ſa bulle, a il declaré iceluy Henry baſtard, & dernier en droict de ſucceſſion à ſon oncle; mais heretique manifeſte. Et par ce moyen (ſuffiſant certainement) l'a priué du droit de ſucceſſion: & l'a declaré incapable de la couronne des Rois tres-Chreſtiens. Et à ce que nous ne ſoyons veuz trauaillez en vain, nous paſſerons ſoubs ſilence en ceſt endroit les autres articles: veu que du ſeul crime d'hereſie, ledit Henry eſt forclos & banny appertemẽt du droit de ſucceſſion: pour laquelle ſouſtenir ladite Apologie a eſté miſe en auant: En outre, l'autheur de la ſuſdite Apologie, afin que plus facilement il peuſt reiecter & refuter l'obiection d'hereſie, ſ'efforce de demonſtrer trois choſes.

La premiere eſt, que l'on ne peut priuer les Princes du droit de regner à cauſe de l'hereſie. En outre il dit que les Huguenots de la secte desquels il ne peut nier qu'il ne soit, ne sont point heretiques, ou a tout le moins, qu'ils n'ont iamais esté condamnez par l'Eglise Catholique, ny par aucun Concile. Finalement dit qu'il n'y a aucune occasion, pour laquelle, les Catholiques doibuent craindre de l'Estat de leur religion, si Henry de Nauarre, encores qu'il soit heretique, (comme il est,) vint à la couronne de France: & que iceluy, sans aucun doubte, permettroit à vn chacun de viure selon la liberté de sa conscience. Et veult ce beau Catholique, persuader, qu'il a entreprins d'escrire ceste sienne Apologie, à bon droit & iustement, sans affection aucune, ny d'vn costé ny d'autre, (ce qui se peult iuger facilement au contraire:) mais qu'il est instigué & poulsé du zele de verité: & presque par tout son discours Apologetique se maintient estre Catholique.

PARQVOY donc afin que nous insistions au contraire, nous demonstrerons premierement, que l'autheur susdit s'est meschamment & faulsement attribué le nom de Catholique, veu qu'il est trespernicieux heretique. En apres, que la secte des Huguenots de laquelle ledit Henry est protecteur, est totalement meschante & heretique: & y a ja long temps condamnee de l'Eglise Catholique par plusieurs Conciles generaux & Ecumeniques. En troisiesme lieu, que les heretiques par droit legitime peuuent estre repoulsez des Empires & Royaumes, & sont priuez du sainct Siege Apostolique, de pouuoir regner & commander, nommément sur les Catholiques, de quelque nation qu'ils soient. En dernier lieu, nous adiousterons, aussi les causes pour lesquelles non seulement ceux-là, sont reputez fols & sans iugement, comme aussi peu soigneux de la vraye religion, ou à vray dire traistres comme les politiques de ce temps: lesquels ayans quelque authorité de empescher & de ne permettre qu'vn miserable heretique, comme est Henry de Nauarre, condamné pour tel de l'Eglise Catholique ne vienne à la couronne de France: qu'au contraire ils le laissent glisser: & eux-mesmes l'introduiroient s'ils pouuoiét & auant terme, en sa faulse pretendue succession. Ce qui est trop à craindre, & chose à la verité qui ne se doibt permettre des bons & fidelles Catholiques.

PREMIERE PARTIE.

Chap. I.

AFFIN donc que nous commencions de ce que nous auons dict premierement; Et que nous descouuriõs l'astuce & deceptiõ de ce faux catholique, Aussi a il intitulé son liuret, Apologie Catholique, & commence sa preface en ces termes. Françoys, Chrestien & Catholique, il ne s'est iamais præsenté plus de moyen qu'en ce temps, & cæt. Et à ce que nous ne pensions le nom de Catholique, estre autremẽt pris de luy mesme, que comme maintenant il est pris de ceux qui distinguent l'Eglise Romaine & Apostolique, des conuẽticules & assemblees des Huguenots & heretiques, vn peu plus bas en sa mesme preface pag. 6. luy mesme se declare de telle sorte. *Aussy n'est ce point affection ou desir que*
" *ie puisse auoir à l'aduancement de la religion, de*
" *laquelle il fait profession (parlant d'vn Henry de*
" *Nauarre) moy estãt & ayãt esté toute ma vie Ca-*
" *tholique, viuãt soubs l'authorité de l'Eglise Apo-*
" *stolique & Romaine & cæt.* Par lesquels pro-
" pos luy mesme, non seulement dit Eglise Catholique, mais Romaine, laquelle il cõfesse estre la vraye, & de laquelle faulsemẽt

il se dit estre fils, & à laquelle il oppose la secte & heresie que Henry de Nauarre tient & deffend. Parquoy quand il dit l'Eglise Catholique & Romaine il ne parle pas cõme faisoiẽt les Caluinistes, de l'Eglise Catholique, qui auoit (disoient ils) esté le tẽps passé à Rome: Mais de celle, laquelle aujourd'huy y est encores, & sera florissante à Rome. Et par ainsi en premiere instance, il oppugne luy mesmes les heretiques. Le mesme est confirmé, par ces paroles, en la seconde partie de son. Apologie, pag. 51. ,, *Les Saints decrets (dit il) de l'Eglise Catholique sont plains de telles decisions*, & cæt. Et en- ,, nombre les decrets d'Euariste, Marcel, Nicolae 1. Alexandre 3. & Innocent. 3. papes de Rome, d'où nous colligeons que le mesme auteur recognoist pour Eglise Catholique, la Romaine, non seulement celle, qui a esté premierement deuant cinq ou six cens ans, & laquelle les Hugenots mesmes recogoissent: Mais celle qui a esté depuis, l'an de nostre Seigneur, mil deux cens ans, laquelle les Caluinistes & Lutherians, non pas comme Eglise Catholique: mais helas! la deschirent perpetuellement comme le regne de l'Antechrist. A cecy mesme tend ce qu'il escript en la page. 72.

„ disant *la grande diligence de nos Roys Treschre-*
„ *stiens, ne vous a elle pas satisfaict, en vnissant &*
„ *rassemblant son peuple, le conduisant a l'vnion,*
„ *de la vraye religion Apostolique & Romaine?*
„ *Que nous ont donc profité tant de bruslements*
„ *tãt de meurdes? ny pareillemẽt tant de batailles?* luymesme dit ces choses: ou veritablement il n'a peu plus appertement signifier l'Eglise, que les heretiques & Huguenots abhorrante, estre la seule & vraye Eglise, Apostolique & Romaine. C'est ceste mesme Eglise de laquelle les Tres-chrestiens Roys de France se sont tousiours dits estre les enfans legitimes, & en faueur de laquelle, ils ont tousiours pieusement, vsé de glaiue & feu, en la punition des heretiques. Finalemẽt en la pag. 3. l'Autheur parlant des Ceremonies Ecclesiastiques, parle en ceste sorte, *Et ie ne dis point cecy (dit il) affin de blas-*
„ *mer l'institution des ceremonies de nostre Eglise,*
„ *lesquelles ie garde ordinairement pour l'honeur*
„ *de Dieu*: où il appelle l'Eglise Catholique, son Eglise (*falso tamẽ*) en laquelle se gardẽt tant de belles ceremonies, lesquelles les Huguenots desirent d'abolir (*sed frustra*) & de fait les ont ostees de leurs synagogues & assemblees. Et par ce que dessus est dit, nous auons demonstré l'auteur de ce-

ste Apologie se declarer appertement garder la religion de l'Eglise Catholique, & laquelle a son siege principal à Rome.

CHAP. II.

Maintenant nous monstrerons par ses mesmes paroles, qu'il n'est rien moins, que ce qu'il se dit estre. Et premierement en sa seconde partie de son Apologie, pag. 71. parlant du Cõcile de Trente dit ainssi parlãt aux Euesques & prestres. *Certainemẽt vostre Concile de Trente, par lequel vous condamnez les Huguenots, n'est pas legitime.* Pouuoit il plus clairement se monstrer aliené de nostre religiõ, de laquelle n'a gueres il se disoit estre zelateur, & sectateur: car certainemẽt toute l'Eglise Catholique Apostolique & Romaine, soit le chef, soit les membres, soit le clergé, soit le peuple, soit les Princes, soit mesmes les particuliers, toute l'Eglise dis-ie, tient & reuere les saincts decrets du Concile de Trente, comme general & Ecumenique, ainsi que la verité est. Ce grãd personnage Pie quarte, ne l'a il pas tout entierement approuué par lettres publiques, que nous auons encores auiourd'huy, & n'a il pas commandé qu'il feust gardé & obserué par toute la Chrestienté? Tous les Euesques Catholiques, ne font ils pas ceste profession de foy, ordonnee du mesme Pie 4. a sçauoir, qu'ils garderõt iusques à la mort les decrets & ordonnances de ce saint Concile? le mesme ne font pas, tous ceux qui ont aucune charge en l'Eglise? les Legats des Princes Chrestiens Ferdinand Cæsar, Charles le Roy de France, Philippes Roy d'Espagne, de Sebastiẽ Roy de Portugal, de Sigismond Roy de Polongne, & d'auantage ceux des republiques & Seigneuries, n'õt ils pas en la derniere sessiõ (lors qu'õ publia les saincts decrets) representé leurs Princes & Seigneurs? Et en leur nom receu ce qui auoit esté ordonné du saint Concile? ouy veritablement. Quel Catholique dõc est celuy qui repudie ainsi temerairement & audacieusement ce Cõcile, que tous les Princes de l'Eglise Catholique ensemble, tous les ecclesiastiques, tous leurs subiects, & tout le monde vniuersel a receu & embrassé? Le temps passé que l'heresie Arriẽne estoit en regne, estoit presque semblable chose de se dire Catholique entre les Chrestiens & deffenseurs du Concile de Nice. Et tost apres les heretiques Eutichianistes troublant & ruynant l'Eglise, ceux-là seuls estoient receuz pour Catholiques, qui obseruoient les decrets du Concile de Calcedoine. De la sainct

Ambroise en l Epistre 32. escriuant à Valentin le Ieune. (*Sequor inquit*) *tractatum Nicæni Concilij, à quo nec mors, nec gladius poterit separare.* Et sainct Basile en l'Epistre 78. en laquelle il declare sa foy, dit, ne pouuoir estre discernez les heretiques d'auec les Catholiques, par autre marque & signe, que par l'approbation ou improbation du sainct Concile de Nice. Pareillement aussi ce grãd homme de bien Leo, afin que i'obmette tous les autres Peres, en l'Epistre 7. 8. qu'il escrit à l'Empereur Leon: Il ne fault nullement, dit-il, ennombrer entre les Catholiques ceux, qui ne suiuent point les regles des Saincts Conciles de Nice & de Chalcedoine. Ce que certaiuement en ce temps nous pouuons dire du Concile de Trente: car riẽ de plus clair ny marque aucune plus certaine, distingue les heretiques, d'auec les Catholiques que la deffense & approbation du sainct Concile de Trente.

CHAP. III.

MAIS venons au reste, d'où l'on pourra plus euidemment cognoistre, par quel mensonge l'autheur de l'Apologie se nomme Catholique. pag. 77. *Car* (dit-il) *le meilleur* ,, *conseil, que les gens sages auroient donné en ceste* ,, *cause, seroit, si pour certain nous auions ceste reli-* ,,

„ *gion, qui pretend reformation. Car ce n'est point*
„ *de Dieu, ny de l'institutiõ de sa doctrine, que sans*
„ *guerre elle doiue perir, & s'en aller en fumee, cõ-*
„ *me il est aduenu de plusieurs heresies, qui nous ont*
„ *precedé: mais si elle est du conseil du sainct Esprit,*
„ *en vain nous allons à l'encontre.* car iceluy autheur doibt parfaire son œuure.

Cest excellent Catholique, qui n'a point encores de certain en soy, à sçauoir si les sectes, qui iournellement vomissent leur venin cõtre la pauure Eglise, sont de la part du sainct Esprit ou non. Iean Caluin, que les Huguenots suiuent comme leur chef, & capitaine general, au quatriesme liure de ses Institutions, chapitre 2. §. 2. parlant de l'Eglise Romaine, de laquelle cest autheur Apologetique, desire estre appellé mẽbre,
„ dit en ceste sorte. *Il est certain, dit-il, que ce*
„ *n'est point la vraye Eglise où le mensonge & la*
„ *faulseté regne & domine: & veu que la chose se*
„ *comporte ainsi soubs le Papisme,* [*ainsi parle ce*
„ *Catholique à gros grain*] *il est aisé a entendre, ce*
„ *qu'il peult rester là, de l'Eglise, au lieu de la Cene*
„ *du Seigneur, endure & perpetre vn ord & puãt*
„ *sacrilege, assemblee publique d'idolatrie & impieté.* ce sont ses propos. Quelles choses de toutes parts, escriuent en leurs liurets, & disent à la vollee ceste race de Huguenots.

Qui sera-ce donq, qui le croira & iugera estre Catholique, qui est encores en doute, si ses maudites sectes sont du sainct Esprit, qui vomissent tant d'horribles blasphemes cõtre la pauure Eglise Catholique, lesquels ne craingnent de iuger qu'elle soit la vraye Eglise : mais helas! n'ont point de honte de l'appeller escole d'idolatrie & d'impieté, & qui n'a point encore de certain, la secte de Caluin n'estre point de la part de Dieu, mais au contraire diabolique & meschante: Iceluy de necessité doubte encores si ceste Eglise est de Dieu, laquelle a condamné Caluin cõme heretique, mais celuy qui doubte ces choses, comment peut il estre dit, & estimé Catholique? veu qu'il ne sçait laquelle Eglise est Catholique.

Chap. IIII.

Mais cest insigne Catholique poursuit encores plus auant: car en la pag. 109. dit *qu'il n'y a qu'vne foy, qu'vne Religion entre les Catholiques, & Caluinistes*, & de ce principe, puis apres il collige, en la pag. 124. que Henry de Nauarre n'est point heretique, encores que publiquement il aye faict profession qu'il mourra sectateur de Caluin & en la pag. 186. il dit, *qu'iceluy Henry est Catholique & homme de biẽ. Ce Prince (dit il) est si*

» *Catholique, tant pieux & craignant Dieu, que*
» *iamais il ne pleut estre recusé & cæt.* Icy premierement ie demande, comment ses choses conuiennent, auec celles; que par cy deuãt nous auons citez, du mesme auteur. Car en
» sa preface il dit ces choses. *Aussy n'est point*
» *affection ou desir que ie puisse auoir a l'aduance-*
» *ment de la religion, de laquelle il faict profession,*
» *moy estant, & ayant esté toute ma vie Catholi-*
» *que, viuant soubs l'authorité de l'Eglise Aposto-*
» *lique & Romaine.* Si dõc (meschãt q̃ tu es) tu ne veux mettre en auant & te preualoir de la religion (ou a vray dire irreligion) de Hẽry de Nauarre, d'autant que tu es Catholique, donc sa religion n'est pas vne auec la tienne; & ne peut estre appellee Catholique: car autrement par ce que tu es Catholique, tu la deurois & pourrois grandement exalter. Que si la religion de ce Nauarriste, n'est point Catholique, ny vne, & ne peut estre ditte telle que la Catholique, qu'est ce donc, que maintenant tu dis par tes propos cy dessus, (pauure oublié) que nostre religion est vne auec celle des Caluinistes, & que ce Caluiniste Nauarrois, est pieux & Catholique? D'auantage si nostre religion est vne auec celle des Huguenots, & qu'ils ne soient pas moins dits Catholiques que nous,

nous, qu'eſt ce, que tu diſois en la pag. 72. q̃ les Rois tres-Chreſtiẽs & Catholiq. auoiẽt mis grand peine d'aſſembler & reünir leur peuple, a vne ſeule religion Catholique & Apoſtolique, par glaiue & feu? qu'eſtoit il de beſoin de ſi grãde alteration, ſi la religiõ de tous n'eſt qu'vne? Tu n'entends pas encores, combien appertement tu te contredis en toute ton Apologie. Et quand tu cõioints & vnis les heretiques auec les Catholiques, & ne fais qu'vne religion de celles qui ſont diametrallement repugnantes, tu te declares toy meſmes eſtre de nulle Egliſe, & de nulle religion: mais tu me diras, la foy & religion eſt vne des Catholiques & des Huguenotz, ſi l'on conſidere les articles ſubſtãtiels de noſtre religion: mais nõ pas quand eſt des ceremonies, leſquelles n'eſtant point dedans l'eſcriture ont eſté n'a pas lõg temps apportees a l'Egliſe. Car tu dis, pag. 109. *que la controuerſe d'entre nous & les Huguenots eſt principalement, a ſcauoir-mon, ſi l'on doibt retenir les ceremonies externes leſquelles au premier aage de l'Egliſe n'eſtoient point en vſage: mais ont eſté inſtitues par diuers temps, (non pas de l'Eſcripture) a les Papes.* De ceſte matiere nous traicterons plus amplement au chapitre ſuiuant, & maintenant ſeulement ie inciſte. Si la quæſtion eſt des ceremonies excogitees & introduittes ces derniers temps : donc totalement la foy & religion Catholique & Apoſtolique, eſt vne entre les Catholiques & Huguenots: car la foy Catholique n'eſt pas dicte Catholique, à cauſe des ceremonies humaines, mais trop bien des articles de ſubſtance qui ſont fondez ſur la parole de Dieu: & appelle l'on religion Catholique, celle que les Apoſtres nous ont laiſſee, & laquelle floriſſoit au premier aage de l'Egliſe. Leſquelles choſes eſtant ainſi, les argumens cy deuant faicts ſont de nulle valeur, c'eſt à ſçauoir, ſi noſtre foy & religion Catholique & Apoſtolique, eſt vne auec celle des Huguenots, pourquoy n'oſes-tu mettre en auant la ſecte des Huguenots, comme tu affermes en ta preface, car tu es Catholique? Et pourquoy les Rois tres-Chreſtiens & Catholiques, auec tant de peiue & trauail, par feu, par glaiue, & par tant de maſſacres[comme tu dis]ont ils dis-ie combattu, afin qu'il remiſſét & reüniſſent leur peuple à vne ſeule foy & religion Catholique & Apoſtolique? Donc de tout ce que deſſus a eſté dict, il eſt facile de congnoiſtre, l'autheur de ceſte Apologie n'eſtre rien moins que Catholique, mais vouloir abuſer de ce beau & precieux nom, afin que plus facilement il feiſt choppre & châceler les plus rudes & moins aduiſez.

SECONDE PARTIE.

CHAP. V.

MAIS afin que deſia nous approchons de plus pres: l'autheur de ceſte Apologie ſ'efforce de demonſtrer, que ce Nauariſte, lequel il confeſſe eſtre Huguenot, n'eſt point heretique. Et ce principalement par deux argumens: Le premier argument eſt, que la diſcorde & contention qui eſt entre les Catholiques & les Huguenots, ne eſt point des principaux poincts & ſommaire de la foy: mais ſeulemēt des ceremonies externes: ſans leſquelles les premiers Chreſtiens, ont veſcu & ſeruy à Dieu: dauantage par ce que la ſecte des Huguenots n'eſt point encores iugee & condamnee de l'Egliſe par vne legitime aſſemblee & Concile. Car, dit-il, que le Concile de Trente, n'eſt pas legitime, ny par les Rois de France admis ny receu. Voila tout, ce que ceſt autheur met en auant, pour deliurer ſon fauteur Nauarriſte du crime malheureux d'heresie. Desquelles choses il y en a quatre euidemment faulses. La premiere, la controuerse d'entre nous & les Huguenots n'estre sinon des ceremonies humaines & externes: la seconde, les ceremonies, que les Huguenots desirent estre ostees: n'auoir point esté entre les Chrestiens du premier aage. La troisiesme, que la secte des Huguenots, n'a point encores esté condamnee par legitime iugement de l'Eglise: La quatriesme, que le Concile de Trente n'est point legitime, ny receu & admis des Rois de France [au grand regret de tous les gens de bien.] Toutes lesquelles choses, si ie demonstre par certaines & viues raisons: ensemble ie demonstreray, que Henry de Nauarre, est Huguenot: & que nullement, ny par aucune raison il ne peut estre defendu du crime d'heresie.

CHAP. VI.

Donc la controuerse d'entre nous & les Huguenotz qui n'est point seulement des ceremonies externes: mais des plus principaux points & articles de nostre foy & religion, n'a aucun besoin de preuue: car en premier lieu toutes les deux parties; c'est à sçauoir, tant ceste mesme Eglise Catholique, que mesmes nos aduersaires approuuent que l'Eglise Catholique, a condamné par le Concile de Trente plusieurs opinions des Lutherians, & heresies des Caluinistes: Et que à Rome tous les ans au Ieudy sainct elle declare excõmuniez & derechef les excommunie, & deffend à tous Catholiques, sur grandes peines la lecture de leurs liures & finalement commãde que l'on s'informe & se donne l'on de garde de tous ses sectaires Huguenotz & heretiques comme de loups rauissants, toutes lesquelles choses dõnent assez a cognoistre, ce que l'Eglise Catholique estime de la grandeur & grauité de ses presentes controuerses. Mais il est facile de cognoistre ce que les Caluinistes en croyent, par les paroles mesmes de Caluin cy deuant dittes. Mais ie ne me priueray point d'amener encores vn autre passage pour dõner a congnoistre la vanité de cest imposteur Apologetique Iean Caluin tout au cõmẽcemẽt de son liure de la necessaire reformation de l'Eglise, parle de ce qu'il n'approuue en nostre Eglise, & de ce qu'il pense estre cause de ces presentes controuerses. *Nous disons (dit il) que les* ›› *principaux points de doctrine, ausquels la verité* ›› *de nostre religion, ausquels le pur cult & seruice* ›› de Dieu, & ausquels le salut des hommes ››

„ eſt content *ſont preſque du tout abolis & hors*
„ *d'vſage, & diſons que l'vſage des ſacrements,*
„ *eſt en pluſieurs façons corrompu & vitié: nous*
„ *diſons le gouuernement de l'Egliſe eſtre conuerti*
„ *en eſpece d'ordure & infection, nõ pas pour ſup-*
„ *porter tyrannie.* Voila ſes propos vois tu pas bien pauure homme abuſé, par le teſmoignage meſmes des diſputans, que la controuerſe & queſtion, n'eſt pas des ceremonies externes: mais de la verité de la doctrine, de l'honneur de Dieu, des Sacremẽs & du gouuernnement de l'Egliſe vniuerſelle? Ton audace n'eſt-elle pas du tout incroyable, voire meſme inſupportable, veu que te diſant Aduocat, tu fais profeſſion de Theologie, ou tu ne congnois que le hault Allemãd? Tu oſes reduire à vn point toutes les controuerſes, & eſtimer plus ton iugement & phantaſie, deſgarny de tout paſſage de l'Eſcriture, de toute authorité des Peres, & des Conciles. Venons maintenant aux articles de nos queſtions, & à la doctrine de l'Egliſe qui apparoiſt principalement au concile de Trente, & les conferons auec l'Antidote de Caluin, à ce que noſtre Apologetique s'il n'eſt aueugle, & qu'il vueille toucher au doigt, voye, que non ſeulemẽt, les Catholiques debattent auec les ſe-

ctaires des ceremonies externes. En la quatriesme Session du concile de Trente, est ordonné le mesme des Escritures canoniques, qui auoit ja esté ordonné 1100. ans au parauant, par le troisiesme Concile de Carthage: Caluin resiste & repugne en son Antidote, & recite les liures de Tobie, Iudith, l'Ecclesiastique, la Sapience, les Machabees, les reiecte dis-ie comme apochryphes. N'est-ce pas mal s'accorder des ceremonies externes, ou plustost du fondemēt de nostre religion? Le mesme Concile enseigne en la cinquiesme Session, [du peché originel,] que deuant 1000. le Concile Mileuitain enseigné, que le peché originel, qui se contractee par la generation charnelle, se efface de telle sorte par la regeneration du Baptesme, que rien ne demeure à ceux qui sont baptisez, qui se puisse dire coulpe: Caluin tient contre en son Antidote, & afferme que le peché est inherent de telle sorte en l'homme, que ny par le Baptesme, ny par autre remede nullement se peult oster iusques à la mort. Duquel principe les sectaires de ce temps colligent, qu'il n'y a aucun merite aux hommes, qu'il n'y a nulles oeuures vrayement iustes que la loy de Dieu est impossible, & telles choses semblables, qui demonſtrent aſſez, que non ſeulement noſtre diſpute eſt des ceremonies externes; mais des principaux articles en noſtre foy. En la ſixieſme Seſſion traictant de la iuſtification, ſont eſcrites ces choſes, leſquelles principalement ſont contenues aux Eſcritures ſainctes, d'auec les Peres, & principalement au Concile d'Aurange, c'eſt à ſçauoir le liberal arbitre n'eſtre pas du tout eſtainct & amorty, mais bien debile, que la ſeule foy ne iuſtifie point: ſans le Bapteſme, en la choſe meſme, ou au veu, nul ne peult auoir ny attendre à la iuſtification, que les hommes ſont iuſtifiez par la grace inherẽte, & non par imputation: que celuy qui eſt iuſtifié, peult de telle ſorte accõplir la Loy, qu'il merite vrayement & proprement [par ceſte obeyſſance,] la vie eternelle. D'auantage, que la grace ſe peult perdre par le peché, ſans perdre la foy. Caluin aſſeure le cõtraire en ſon Antidote, & dit que le liberal arbitre, eſt du tout perdu; que la ſeule foy iuſtifie les hommes: Que ſans le Bapteſme, les enfans des Chreſtiens peuuent eſtre eſtimez iuſtes, & entrer au Royaume du ciel, encores que Ieſus Chriſt aye dit, *niſi quis renatus fuerit ex aqua, &c.* Que par la ſeule imputation de l'obedience de Chriſt

Grãde reſuerie de Caluin.

ſont faicts iuſtes tous ceux qui ſont iuſtifiez deuant Dieu: la Loy diuine eſt par deſſus les forces des hommes, & meſmes des iuſtifiez: ny auoir aucuns merites, qui puiſſent vſer de ce nom, de vrais merites, veu que toutes nos œuures ne ſont que peché, la foy indiuidue, eſtre compagne de la bõne conſcience, que la foy ne peult eſtre, ou eſt la mauuaiſe conſciēce. Que dira icy noſtre beau Catholique noſtre ennemy? Ces queſtions icy ſont elles des ceremonies, ou de la iuſtice de la foy? de choſes adiaphores; ou du ſalut eternel? En la ſeptieſme Seſſion, *de Sacramentis*, eſt dit, qu'il y en a ſept en nombre, & differens des Sacremens de la vieille Loy, des ceremonies externes ſeulemēt, ny inſtituez pour entretenir & nourrir la foy: mais pour conferer la grace de Dieu, *ex opere operato*, comme diſent les Theologiens? Que le Bapteſme de ſainct Iean, n'auoit pas tant d'efficace, comme celuy de noſtre Seigneur, & Maiſtre Ieſus Chriſt. Et pluſieurs autres choſes là dedans ſont enſeignees, qui ſont dignes de foy, & qu'il fault tenir ſans aucun doubte. Caluin en ſon liure dit le contraire: & nie les ſept Sacremens de la Loy Euangelique, & n'en recongnoiſt que deux ou trois, [comme il est aisé de colliger au liure de ses Institut. chap.4.§.20.& chap.18.§.20. Et iceux ne pouuoir estre distinguez en force ny efficace des Sacremens de l'ancienne Loy, ny conferer la grace, *ex opere operato*, cõme dict est, & ne seruent d'autre chose, que pour entretenir la foy. Et maintient ledit Caluin, que le Baptesme de Iesus Chtist, ne differe en rien auec celuy de sainct Iean. Lesquelles controuerses à la verité, ne sont pas seulement des ceremonies humaines: mais des Sacremens, & non seulement encores des ceremonies Ecclesiastiques; mais des principaux poincts & aydes de nostre salut. Et iusques icy c'est estédu l'Antidote Caluiniste. Que si nous voulons conferer le reste qui est contenu au sainct Concile de Trẽte, qui est expliqué de la verité du corps & sang de nostre benoist Sauueur en l'Eucharistie, du Sacrement de la saincte Messe, du Sacrement de Penitence, du Purgatoire, de l'inuocation des Saincts, & de plusieurs autres enseignemens de nostre foy, tresgraues & necessaires, auec les erreurs, qui de ses choses mesmes apparoissent en son Institution, & plusieurs de ses Cõmentaires. Finalement quel en sera la fin? nous sçauons donc pour certain estre tresfaux, ce que noſtre autheur eſcrit en ſa page 109. *qu'il n'y a qu'vne Loy & Religion* des Catholiques & Huguenots, & reſte ſeulemẽt que l'on ordonne & conuienne de l'Inſtitution des ceremonies externes.

CHAP. VII.

IE viens maintenant au ſecond: Et combien qu'il n'appartiẽne pas beaucoup à noſtre matiere, à ſçauoir-mon ſi les ceremonies Eccleſiaſtiques, eſtoient en vſage en la primitiue Egliſe, ou ſ'ils ont eſté innouees en ces derniers temps. Toutesfois d'autant que l'auteur Apologetique aſſeure audacieuſement (en la pag. 109. *que nous ſommes* » *d'accord que les Chreſtiens de la primitiue Egliſe,* » *ont veſcu ſans telles ceremonies*, leſquelles » maintenant les Huguenots veulent oſter, ce qui eſt toutesfois tresfaux, ie mõſtreray en peu de paroles, que pluſieurs des ceremonies, que reiettent nos Huguenots, ſont treſantiennes, & ne procedent d'ailleurs, que de la traditiõ des Apoſtres. Sainct Baſile le Grand en ſon liure *de Spiritu ſancto ad Amphilochium* chap. 27. declarant les choſes que l'Egliſe obſerue par tradition Apoſtolique, met en premier lieu la ceremonie de ſigner les hommes du ſigne precieux de la saincte Croix, laquelle ceremonie non moins fuyent les Huguenots que leur grãd pere Satan, *Secundo* l'Oraiſon faicte vers l'orient 3. l'inuocation quand on monſtre la ſainte Euchariſtie. 4. la benedictionde l'eau Baptiſmale 5. la conſecration du ſainct Huille 6. l'Onction de ceux qui ont receu le Bapteſme 7. toutes les ceremonies du Bapteſme. Sainct Hyeroſme en l'Epiſtre *ad Marcella.* parlant des erreurs de Montanus, dit & afferme en termes eloquens que le Ieune de Careſme, eſt par tradiction des Apoſtres. Sainct Iean Chriſoſt. hom. *69, ad populum Antiochenum & homil. 3. in epiſt. ad Philippenſ.* refere l'vſage de offrir le ſainct ſacrifice de la Meſſe, pour les morts a la tradition Apoſtolique. Origene in cap. 6. epiſt. ad Rom. l'Egliſe [dit il] a receu par tradition Apoſtolique, de donner meſmes le Bapteſme aux petits Enfans. Iuſtin martyr. in 2. *Apologia extrema.* Outre toutes les autres ceremonies receues par traditiõ des Apoſtres, met l'admixtiõ de l'eaue & de vin au S. Sacrement de la Meſſe. Epiphanius en ſõ liure dernier *de hæreſib.* baille briefuemẽt les choſes que de tous temps & d'anciennete, l'Egliſe à obſerué & obſerue encores diligemment, & entre icelles ennombre le perpetuel celibat: la vie ſolitaire: les diuers ordres des Moines, le Ieune du caresme: l'eslection des viandes: les sacrifices pour les deffunts: les iours des festes: & plusieurs choses semblables: mais il n'est-ia besoing de demeurer long temps en ceste matiere, veu que nostre aduersaire n'a rien amené pour deffendre son opinion, & que les liures des Peres sont plains de tant & semblables tesmoignages.

CHAP. VIII.

Nous demonstrerons facillement que la secte des Huguenots non seulement vne fois a esté condamnee par vn publiq & legitime Iugement[ce qui estoit la troisiesme chose que nous auons entreprins de prouuer)la principale controuerse gist & conciste au sacremẽt de la Cene: par laquelle, est demonstré non seulement aux Catholiques: mais aussi aux Lutherians que les Huguenots sont heretiques: d'auantage ceste controuerse n'est pas seulement iugee, par le Concile de Trente: mais par les dix plus anciẽs Conciles de l'Eglise, tant nationaux que generaux a esté discutée, & terminee: & encores que le Cõcile de Trẽte n'eust esté, toutesfois personne ne me pourroit nier que l'heresie des Huguenots n'eust esté cõdamnee de l'Eglise Romaine, que nostre aduersaire Apologetique ne nie pas estre la vraye Eglise. Premieremēt le Concile Romain a esté tenu soubs Leon 9. Pape qui estoit selō le consentement d'vn chacun fort homme de biē. En ce Concile fut cōdamnee l'heresie de Berengarius, *de Cœna Domini*, laquelle heresie Caluin confesse & tient en la derniere admonition qu'il fait à Ioachin Vvesphale, Lanfrancus le tesmoigne contre le mesme Berengarius.

Le second Concile de Vercelle, a esté celebré & tenu soubs le mesme Leon, ainssi mesme que le tesmoigne le susdit Lanfrancus: & en ce Concile auoit Berengarius des Legats & commis, & en eux pareillement fut confuté & condamné.

Le Concile troiziesme à esté celuy de Tours; auquel presidoit par ses Legats Victor Pape second du nom où il estonna tellement ledict Berengarius present, qu'il fut contraint d'abiurer son erreur, ce que le mesme Lanfrancus, & au lieu cité à laisse par escript.

Le quatriesme Cōcile, est iceluy fort celebre, & comme de plusieurs est appelle general, soubs Nicolas 2. qui fut tenu à Rome, & fut de telle sorte la chose recherchee & definie, que non seulement Berengarius present auroit abiuré son erreur mais aussi au meillieu du sainct Concile alluma du feu, & y ietta tous ses liures, detoutes lesquelles choses est tesmoing le mesme Lanfrancus, qui y estoit present, & souuentesfois disputoit auec les sectaires de ce Berengarius: cõme aussi y estoit Guitmondus *Episcopus Auersanus*, & tesmoigne le mesme en son liure, *Aduersus Berengarium.*

Le cinquiesme Concile lequel fut celebré à Rome soubs Gregoire septiesme, & en iceluy fut declaré la foy de l'Eglise: laquelle veu que les Berengariens ne pouuoient nier, s'efforçoient neantmoins de la corrompre & deprauer, auec leurs faulses interpretations. Parquoy fut prescripte la forme d'abiuration: en laquelle on peust lire le pain & le vin au Sacrement de l'Autel par les paroles sacramentalles, se conuertir substantiellemẽt en la vraie & propre chair de Iesus Christ, & en son propre sang: voyez les Actes de ce Cõcile *apud Thomam Valdẽsem tomo 2. de Sacramentis, cap.* 43.

Le sixiesme Cõcile Ecumenique & general, celebré soubs Innocent 3. chapitre 1. comprend en ces termes la verité, & la foy mesme, L'eglise vniuerselle des fidelles n'est qu'vne, hors laquelle nul ne sera sauué, en laquelle le ſacrificateur & ſacrifice Ieſus Chriſt, le corps & ſang au ſacremẽt de l'Autel eſt vrayemẽt contenu ſoubs les eſpeces du pain & du vin, à ſçauoir, eſtant tranſubſtantié & conuerti le pain en corps & chair par la toute puiſſance, affin de perceuoir & comprendre le miſtere de l'vnité, nous prẽnons du ſien, ce qu'il à prins du noſtre.

Le ſeptieſme Concile general eſt celuy de Vienne, auquel outre les erreurs des Begards, ceſtuy eſt condamné, à ſçauoir qu'il ne faut faire aucun honneur & reuerence à la ſaincte Euchariſtie, lequel erreur, perſonne n'ignore, qu'il ne ſoit auſſi de Caluin & de tous les ſacramentaires.

Le Cõcile huictieſme fut à Rome, ſoubs Iean 22. auquel les erreurs de Iean Vuiclef, furent diſcutez & condamnez, deſquels ceſtuy eſtoit le premier, auquel il conuenoit & s'accordoit auec Berengarius de la Cene de noſtre Seigneur; de ce Concile comme general faict mention le Concile de Conſtance en la Seſſion huictieſme.

Le neufieſme Concile, eſt celuy meſme de Conſtance cy allegué en la meſme Seſſion huictieſme, où apres auoir de pres eſpluché la doctrine de Ieã Vuiclef, ces articles furent condamnez deſquels le premier eſt,

est, que la substance du pain demeure au sacrement de l'Autel: le second que les accidens ne demeurent au sacrement de l'Eucharistie, sans le subiect; le troisiesme que Iesus Christ n'est point identiquement & realement en propre existẽce corporelle, au mesmes sacremẽt: lesquels articles personne ne peut nier qu'ils soient d'auantage de Vuiclef, que de Caluin, & de tous les Huguenots.

Le dixiesme Concile Ecumenique, est celuy de Florence, auquel du consentemẽt tant des Peres Grecs que Latins, en l'instruction qui fut baillee aux Armeniens la verité de la foy Catholique est comprinse en ces paroles: Par la force & vertu des pa- »
roles, la substance du pain & du vin, sont »
conuerties en corps & en sang de IESVS »
CHRIST: mais que dira nostre Apologe- »
tique? Il niera que ce Nauarriste soit heretique: mais comme luy-mesme escrit en son Apologie, pag. 120. & pag. 124. il a protesté à Montauban en l'assemblee generalle de ses Ministreaux Caluinistes, l'an mil cinq cens octante quatre, que sa volonté estoit de viure & mourir en leur religion, permise par Edicts, c'est à sçauoir en ceste mesme religion (si toutesfois religion doibue estre ap-

pellee) laquelle s'oppose & repugne, *& aperto marte*, à la vraye & sincere religion: & veult mourir en celle mesme laquelle est maintenant en vigueur à Geneue, asylle de toutes canailles, qui est celle que Caluin y a plantee. Caluin niera auec Berengarius & Vviclef, qu'il n'a pas nié la vraye conuersió du pain au corps de nostre Seigneur: mais nous sont restées les disputes de Caluin, sur ces propos, tant en son liure, *de Cœna Domini*: comme aussi, *in Institutione, Christiana, lib. 4. cap.* 17. il osera assertener & dire, qu'en aucun Concile, soit general, soit nationnal admis des Rois de France, ceste sienue opinió n'a point esté condamnee pour heretique, mais nous auons apporté dix Conciles, en partie generaux, partie nationaux, desquels les vns ont esté tenuz en Italie, les autres en France, & quelques vns d'iceux en Allemagne, & n'y en à pas vn, qui aye esté reiecté & repprouué, des Rois Tres-chrestiens. Il ne m'est pas caché & occulté, que les Caluinistes mespriseront tous ces Iugements Ecclesiastiques, à la façon & maniere, de tous les autres heretiques. Mais maintenãt nous agirons auec cestuy qui se dit estre si bon Catholique, & lequel en son Apologie pag. 51. *appelle saincts decrets, les canons des*

Papes & Conciles de l'Eglise Catholique. Et en c'est endroit pourroit suffire l'article, *de Cœna Domini*, afin de nous oster de doute, que tous les heretiques quels qu'ils soient ont esté il y a ja long temps condamnez & reprouuez de l'Eglise Catholique Apostolique & Romaine: mais i'ameneray encores l'arrest & iugement de l'Eglise, contre quelques autres articles des Huguenots. La cõtrouerse du liberal arbitre est telle, comme Martin Luther pere de tous les sectaires de ce temps, en la confirmation de l'article 36. auroit laissé par escrit, que tout le sommaire de sa doctrine est cõtenu soubs ceste cõtrouerse: mais quelle a esté son opiniõ touchant la liberté du liberal arbitre, l'on pourra facilement entendre, par ce qu'il en a laissé par escrit. *Le liberal arbitre, dit-il, est fiction aux choses, & tiltre sans la chose: par ce qu'il n'est en la puissance d'aucun de cogiter le mal ou le bien:* Mais toutes choses (comme fort bien enseigne l'article de Vviclef condamné au Concile de Constance) aduiennent absoluement par necessité. Luther dit ces propos: laquelle sentẽce & opinion personne ne pourra nier qu'elle ne soit tenue, de Iean Caluin, comme aussi de tous les heretiques, & mesmes de nostre Nauarriste, qui auroit lieu, à tout le moins l'Institution dudit Caluin. *lib.* 1. *cap.* 16. *& lib.* 2. *cap.* 2. 3. 4. *&* 5. en son Antidote, contre la sixiesme Session du Concile de Trente : ou finalement la responce, *ad liberos Alberti Pighij de libero arbitrio.* Car certainement, *libro* 2. *Instit. cap.* 4. §. 6. non seulemẽt il oste le liberal arbitre, en l'election des choses, qui appartiennent aux moeurs, ou à la religion & pieté: mais aussi des choses (comme luy-mesme dit) lesquelles d'elle-mesmes ne sont bonnes, ny mauuaises, & qui appartiennẽt plustost à la vie corporelle que spirituelle. Mais ceste sentence & opinion vrayement heretique, a vne fois esté condamnee de l'Eglise: & tous les Huguenots, par ce seul nom estre heretiques, & à bonne & iuste cause retranchez de l'Eglise Catholique. Cecy est assez prouué par les tesmoignages cy dessus alleguez & mis en auant. Bardesan fut condamné estre heretique & mis au rang des heretiques par l'Eglise Catholique enuiron l'an 170. d'autant qu'il nioit le liberal arbitre de l'homme. Sainct Augustin le tesmoigne, *In libro de hæresibus*, *cap.* 35. Les Manicheens qui prindrent leur origine enuiron l'an 278. pour la mesme cause & mesme heresie, ont aussi esté condamnez, comme le tesmoigne sainct Hierosme, *Præfatione dialogorũ aduersus Pelagianos.* Et sainct Augustin, *libro de hæresib. cap.* 46. Priscillian enuiron l'an 390. pour la mesme raison a esté tenu pour heretique & condamné par acte public de l'Eglise, comme le mesme S. Augustin le tesmoigne, *libro de hæresib. capit.* 70. Comme aussi faict sainct Leon. *In epist.* 91. *ad Turbium.* Et le Concile de Bracarense premier, *cano.* 10. Le mesme erreur, enuiron l'an 450. en France mesme fut condamné assez appertement par les Prelats François. Et au Concile d'Aurange 2. *cano.* 8. 13. *&* 25. nous lisons que le liberal arbitre n'a point esté perdu ny estainct par le peché d'Adam, mais seulemẽt attenué & debilité, afin que ce qui plaist à Dieu, par la grace du mesme Dieu, il peust accomplir, ce que de luymesme il ne pouuoit parfaire.

Pierre Abailard enuiron l'an 1140. a esté condamné pour la mesme heresie; par Innocent 2. & du Cõcile de Sens. De cecy est tesmoing sainct Bernard, *In Epistola.* 194. & en est deduicte l'histoire, au troisiesme liure de la vie dudit sainct Bernard au chapitre cinquiesme.

Iean Vviclef, enuiron l'an 1415. encores que pour plusieurs autres heresies: mais particulierement pour ceste mesme heresie du liberal arbitre fut condamné par le Concile general de Constance.

Lesquelles choses estant, ainsi, facillemẽt le lecteur entendra que l'Auteur Apologetique en vain debat que les Huguenots ne sont heretiques, ce que le sainct Concile de Trente, duquel ils sont tous condamnez ne trouue pas estre legitime; car combien que le Concile de Trẽte n'eust point esté, tous les precedents Iugements de tous les Chrestiens vniuersellement deuroient ils pourtant estre reuoquez en doubte? Mais venions au reste. La question du peché originel & de la necessité du Baptesme à esté tousiours tresgrande en l'Eglise, comme S. August. *lib. 1. in Iulianum cap. 2.* auroit laise par escript, ceste question estre tellement grande qu'en icelle tout le sommaire de la religion Chrestienne consistoit, & est euident ce que Caluin & tous les autres Huguenots en sentent, c'est à sçauoir qu'ils enseignẽt, que les enfans des fidelles n'aissent saincts, & n'ont aucun besoing de Baptesme pour auoir le salut eternel, & pour ceste cause ne deuoir point estre baptisez, affin qu'ils soient faicts saints. Mais qu'ils sont des-ia sanctifiez. Ces choses afferme Caluin (affin que nous passions soubs silence les autres) *in Antidoto concilij Tridentini* & in lib. 4. Iustit. cap. 16. §. 26. ou il prononce en paroles expresses que les petits enfans, qui naissent sans Baptesme ne perissent point, & est assez manifeste principalement (des petits enfans) ceste pernicieuse heresie, par tant de tesmoignages de l'Escriture, par tãt de decrets des saincts Conciles, par tant de respõces des Saincts Papes, à esté autrefois fort biẽ demonstré contre les Pelagiẽs: *& Sanctus August. in libro 3. de Origene animæ, cap. 9. non dubitanter scripserit, noli credere, noli dicere, noli docere, infantes antequam Baptizentur, morte præuetos peruenire posse ad Originaliũ indulgẽtiã peccatorũ, si vis esse Catholicus. Et in epi. 28. ad S. Hieron. Quisquis dixerit, quod in casto viuificabuntur etiam paruuli, qui sine sacramenti huius participatione de vita exeunt, hic profecto & contra Apostolicam perfectionem venit, & totam condemnat Ecclesiam.* Que diray-ie maintenant de la veneration & cult des Images? Car qui est celuy, qui ignore, que l'heresie des Iconomaques & brisure d'Images, laquelle est maintenant restablie & mise en auant par nos Huguenots, qui se glisse & rampe par fureur incroiable presque par toute la terre deuant mil cens ans n'ayt esté condamnee & mesme par le Cõcile general de Nice second, & par le Iugement publiq de toute l'Eglise Catholique vniuerselle ? Que dirons nous de la priere pour les morts des ieusnes assignez de la difference de l'Euesque & du simple Prestre ? Et des autres choses semblables ausquels s'enclinent & tendent les erreurs des Arriens, lesquels erreurs deuant mil cent ans, plusieurs grands auteurs tesmoignent auoir esté condamnez de l'Eglise vniuerselle. Entre autres sainct Epiphane, sainct Augustin, sainct Iean Damascene, & lesquels les Caluinistes (communs auec Arrius) sans aucune raison s'efforcẽt de renier. Que dirons nous finalemẽt des heresies de Vigilance & de Iouinian, touchant la continẽce, & virginité des merites & recompenses des Saincts, du cult & veneratiõ des Reliques, de l'inuocation des Saincts, de l'election des viandes, il est maintenant necessaire de traicter, à sçauoir-mon si de fait & de parole les Huguenots ne se disent pas estre sectateurs de Vigilance & Iouinian? Pourquoy donc si impudemmẽt l'autheur de l'Apologie nie iceux-là estre heretiques: lesquels il ne peult nier qu'ils ne soient Manicheens, Pelagiens, Arriens, Prissilliani-

Epiphane heresie 75. S. August. au liure des heresies ch. 53. S. Iean Damascene des cẽt heresies.

ſtes, Iouinianiſtes, Vigilantiens, Berengarianiſtes, & Vuicleffuiſtes?

Chap. IX.

Mais feignons maintenant, affin que nous venions au quatrieſme & dernier chapitre, que nous n'ayons rien de ces choſes, que iuſques icy nous auons miſes en auant, & que du ſeul Concile de Trente l'opinion & ſentence des heretiques aye eſté condãnee : d'où, ie vous prie l'Autheur de ceſte belle Apologie, pourra il fouler & oppugner ce Iugement? Certainement ie n'ay peu riẽ autre choſe trouuer en toute ſon Apologie, que des clameurs & aboys vains, & n'ay peu trouuer aucun argument ſolide en la pag. 71. ceſte ſeule raiſon eſt apportee, pour laquelle on ne doiue pas receuoir le ſainct Concile de Trente general & legitime *par ce que il ſemble qu'il ayt eſté contraint à cauſe du Roy de France, pour le deieter de ſon ſiege aux aſſemblees publiques, & luy prepoſer & mettre deuant luy le Roy d'Eſpagne, & que le Roy Tres-Chreſtien auroit deffendu à tous les Eueſques de France de ſe trouuer à ce Concile. Il adiouſte en la page. 90. ceſte raiſon, que par les decrets du Cõcile de Trente, la iuriſdiction ſur les Eccleſiaſtiques ſemble auoir eſté oſtee & diminuee, au Roy de France en la page 184, ſont repetees quelques*

petites choses de tres-pestilent & pernicieux liure de Charles du Moulin, contre le Synode de Trente; C'est a scauoir *que le Pape a exercé iceluy l'office de Iuge & de partye par ce que ceux qui insistoient pour la reformation, n'ont point esté ouyes.* Que à l'Escriture, il faut prouuer & examiner les decrets des Conciles, veu
1. Ioan. 4. qu'il est escrit, *Nolite credere omni spiritui, sed*
1. Thess. 5. *probate nũ ex Deo sunt & omnia probate, quod bonum est, tenete.* En apres, en la page. 188. & aux subsequentes, sont aduenuz plusieurs priuileges ecclesiastiques du Royaume de France, lesquels semblent auoir esté retirez & violez, par les decrets du sainct Concile de Trente, & voila, ce que l'Autheur Apologetique, & non auec petite peine & diligence, à peu admener en contre poincte au Concile de Trente, lesquelles certainement ne blessent pas tant le Concile, qu'ils sont cõtumelieuses enuers le ROY de Frãce. Car que tasche il autre chose, sinon qu'il s'efforce de persuader a vn chacun par ces mensonges, que le Roy de France est scismatique, qu'il est desobeissãt a l'Eglise vniuerselle, & a la troupe des peres fideles, & Othodoxes, qui soustiennẽt & deffendent le Concile de Trẽte: mais iamais il ne l'obtiẽdra car y a encores des lettres de Char-

les neufiesme Roy tres-Chrestien qu'il enuoya au Concile de Trẽte, dattees du mois d'Auril mil cinq cens soixante deux. Par lesquelles il honore & reuere ce Cõcile general & legitime: Et rend raison, pourquoy les Euesques de France seroient venus ainsi tard au Concile, & enuoya son Orateur & Ambassadeur, qui au nom de sa Majesté feust assis au Concile, Monsieur de Lanssac Cheualier du grand Ordre: auquel il donna pour adioinct Renault Ferriere, Presidẽt au Parlement, & Guy le Febure Iuge majeur de Tholose, mais paraduanture les Euesques & Orateurs du Roy de France ont ils esté au Concile: mais ils n'ont possible pas demeuré iusques à la fin dudit Concile. Mais au contraire ils y ont tousiours constamment demeuré: & comme on recongnoissoit & lisoit-on en la derniere Sessiõ, les Actes d'icelle, les Euesques y estoient & y donnerent leurs voix & suffrages. Mais Henry 2. auoit deffendu aux Euesques de France d'aller au Concile. Il n'est pas maintenant necessaire, de si curieusemẽt rechercher & perscruter, ce que Henry auroit fait du commencement: car l'admission ou reception du Cõcile, ne doibt pas estre prinse du commencement, mais trop bien de la fin: & ne doibt pas estre dit celuy-là auoir reietté le Concile: durant le temps duquel il auroit esté seulement commencé, & non pas parfaict ny paracheué. Mais celuy doibt estre dit auoir receu veritablement le Concile, qui a veu le Concile conclud & arresté, & ses Euesques mesmes y estans & concluans, & qui a honoré le Concile par la presence de ses Legats au temps, que tous les Actes d'iceluy furent arrestez & promulguez.

CHAP. X.

QVAND à ce que dit l'autheur de ceste Apologie; que le Concile de Trente a esté seulemēt congregé à ceste fin: afin que le Roy fust deietté de son lieu & prerogatiue, c'est vne pure fiction d'vn homme despourueu de sens & entendement. Il y a vn liure mis en lumiere, & presque entre les mains d'vn chacun, auquel sont contenus tous les actes, & Canōs de ce Concile, que l'on l'espluche diligemment: l'on n'y trouuera rien de semblable à son dire. Mais par les Actes concluds en ce Concile le vingt huictiesme iour de Iuillet l'an mil cinq cēs soixante trois, l'on pourra appertemnent entendre, que tant s'en fault que le Concile aye tasché de diminuer l'authorité du Roy tres-Chreſtien : qu'au contraire elle auroit deffendu aux Orateurs & Ambaſſadeurs d'en diſputer, de peu que le cours du Concile, à raiſon de telles diſputes, n'en fuſt aucunement retardé ny empeſché : Parquoy auec le conſentemẽt de tous fut aſſis l'Ambaſſadeur du Roy tres-Chreſtien proche & immediatement aupres celuy de l'Empereur, comme il deſiroit, mais celuy d'Eſpaigne outre ſon ordre, mis en vn autre lieu. Et ce qui fut ſainctement ordonné du Concile en la premiere Seſſion, pour obuier à telles contentions & debats, afin que ſ'il aduenoit que quelqu'vn feuſt aſſis hors de ſon lieu, pourtãt ne peuſt engẽdrer aucũ preiudice, & ne peuſt acquerir nouueau droict à perſonne. Ce q̃ meſme nous trouuõs eſtre reïteré en la Seſſiõ vingt cinq, lors que desja le Concile eſtoit acheué & mis à fin. Parquoy tant ſ'en fault, qu'il ſoit vray ce que noſtre aduerſaire Apologetique fainct, que le Concile de Trente, tendoit principalemẽt en ce poinct, afin de conſtituer en dernier lieu le Roy de France, & luy preferer le Roy d'Eſpaigne: qu'au contraire le ſainct Concile ſ'eſt diligẽment, & ſoigneuſement donné de garde, que l'on n'euſt aucune cõtention ny debat pour les lieux & places:

qui estoit seulement & principalement assemblé, pour appaiser de grãds controuerses & disputes, & expliquer les articles de nostre foy: Et pourquoy ie vous prie nostre aduersaire qui est tant prodigue de ses paroles; afin qu'il repete & inculque plus souuent ces choses mesmes, a il esté en cest endroit si chiche de ses propos, qu'il n'aye demonstré quelque lieu en ce grand Concile, où l'on ayt traicté quelque chose, touchãt la cõtrouerse des sieges? à sçauoir s'il est probable par aucune raison, que ce fust la principale causse de l'assemblee du Concile pour deprimer ou diminuer l'authorité des Rois de France, & toutesfois il ne s'en trouue vn seul mot en tout le Cõcile? Mais ie ne fais pas bien, moy qui collige des argumens a l'encontre d'vn lequel parlant temerairement, & a la volee, ne peut mesme prouuer la plus debile & petite partye de son dire.

Chap. XI.

Des-ia voicy ce qui s'ensuit, que nostre aduersaire a pẽsé estre bon d'inserer en son Apologie, prins de Charles du Moulin, a l'encontre du Concile de Trente, a sçauoir que nostre sainct pere a esté Iuge & partie tout ensemble, veu que luy mesme auroit conuoqué le Concile, & y auroit presidé, comme Iuge par ses Legats: & que toutesfois c'est luy mesme, que est accusé des Lutherians. Mais l'obiection est de facile solution. Car le Pape, ne peut estre prins & ne doibt perdre le droit de conuoquer & assembler les Cōciles, & de presider en iceux qu'au preallable il ne feust conuaincu, par Iugement legitime, de n'estre plus Pape, car il a obtenu ce droit au parauant 1500. Et aussi ne repugne a l'equité d'vn grand Prince, de pouuoir estre iuge & partie: Car le Prince souuerain, est tousiours iuge, iusques à ce, qu'il soit legitimement declaré estre descheu de sa principauté, combien mesme que contre luy, fust intenté le procez. Et à ce que tu entendes n'estre chose nouuelle, & qui n'est point aliené des constitutions Ecclesiastiques, tourne vn petit ta veuë & regarde vn peu les Actes des anciens Conciles. Quand sainct Marcellin Pape Romain, eut donné de l'encens aux Idoles, & que à raison de son crime, il s'en alla accuser Sinuessé au Cōcile, toutesfois personne n'osa prononcer sentence à l'encontre de luy: mais tous les Euesques d'vne mesme voix s'escrierēt: Pere iuge de ta bouche mesme ta cause, & non pas par nostre

Iugemẽt ne vueilles pas estre ouy en nostre Iugement, mais prens en ton sein ta cause mesme, car le premier siege ne sera iamais Iugé de personne. Toutes lesquelles sõt inseres, aux actes du Concile, & sont descrites en vne Epistre que le bon Pape Nicolas enuoye à Michel l'Empereur. Quant Sixte troisiesme fut de quelques vns accusé coupable d'adultere, il voulut assembler vn Cõcile soubs l'authorité de l'Empereur, mais ils ne voulurẽt & n'oserent onques cognoistre de la cause, que les Euesques ne feussẽt tous assemblez, & qu'il n'eussẽt sçeu du Pape, s'il vouloit ou non qu'on ingeast la cause: toutesfois il n'ignoroit pas; qu'il ne feust en son arbitre si l'on iugeroit la cause ou non. Au quatriesme Concile de Rome tenu soubs Symmachus, nous lisons, que les Euesques congregez pour la cause dudit Symmachus, declarerent publiquemẽt qu'ils ne pouuoient assigner vn Concile, sinon que par le droit & autorité du Pape, encores que luy mesme feust l'accusé. Paul Emile Escrit, en son liure troisiesme, *de gestis Francorum*, que quelques fois Charlemagne; estant à Rome, au Concile des Euesques qui s'estoient assemblez de toute la France & l'Italie, commencant à leur demander

mander leur sentēçe & iugement en la cause du Pape Leon, qui estoit accusé par aucuns, de grād crime: mais que les Euesques respondirent vnanimement audit Charles que le sainct siege Apostolique, chef de toute l'Eglise vniuerselle, ne pouuoit estre iugé de personne. Parquoy acquiessant l'Empereur, effaça auec iurement le crime, qui luy estoit faulsement imputé. Et afin que nous venions aux premiers Conciles de l'Eglise, Arrius ne disputoit-il pas autrefois de la foy auec Alexandre? Et toutesfois au Concile estoit assis le Iuge qui estoit le mesme Alexandre, auec tous les autres Euesques. Au Concile premier d'Ephese Cyrille Alexandrin ne presida-il pas, comme auoit cōmandé Celestin Pape, lequel toutesfois estoit tenu des mescreās, pour l'vne des parties? Au Concile de Calcedoine qui estoit-ce ie vous prie, sinon le Pape Leon, qui presidoit par ses Legats, veu toutesfois que tout le differend estoit entre le mesme Leō & Dioscorus? Il est donc ainsi, que veu que aux Conciles, le Pape ne soit le seul Iuge, mais aye plusieurs compagnons & collegues, si vrayement on le pouuoit conuaincre d'estre tōbé en heresie, il pourroit estre pleinement iugé & desmis, voire-mesme quand il ne le voudroit. Il n'y à donc rien, pourquoy le Concile puisse estre moins legitime, pour auoir esté conuoqué, & assemblé du Pape.

CHAP. XII.

MAIS ce que dit nostre aduersaire, tant de fois, que les protestans, n'ont point esté ouys au Concile de Trente, est premierement refuté de ce liure mesme que lesdits protestans ont intitulé en ceste sorte (*causæ cur electores principes aliique adicti confeßioni Augustanæ, ad concilium Tridentinum non accedant*). Car ils cõfessent par iceluy mesme liure, qu'ils ont esté appellez & conuoquez du grand pontife de l'Eglise au Concile general pour disputer des controuerses de la foy & religion, a l'encontre des Catholiques. En apres il se lit en trois endroits du Cõcile, a sçauoir en la Sessiõ 13.15.&18. plusieurs amples saufcõduits: par lesquels estoit donnee plaine & entre liberté, aux susdicts protestans de venir au concile, pour disputer, respondre, & proposer librement tout ce que bõ leur sembleroit. Et pour demeurer a leur volonté au lieu ou se tiendroit le Concile, & sans aucun peril & danger de leur retour quoy que non seulement les peres ont imité familierement & amiablemẽt nos aduersaires de si trouuer : & ainssi les y ont prouoquez pour disputer des controuerses de la religion: Mais aussi comme il se peut veoir par les mesmes sessiōs, qu'ils ont par long temps differé pour leurs absences les diffinitions des questions les plus graues. Ce qui estant ainsi, pourquoy si impudemment, se complaignent noz aduersaires, de n'auoir esté ouys en ce Concile? Car comment pourroient ceux la auoir esté ouys, lesquels ne voulurēt iamais y comparoistre?

CHAP. XIII.

MAIS nos aduersaires ont grand recours c'est a sçauoir, aux paroles de l'Apostre qui dit *probate spiritus si ex Deo sunt*. Et en ceux cy *omnia probate quod bonum est tenete* : c'est a sçauoir qu'il sera loisible a vn chacun de se faire chef & iuge des Conciles. Mais les Apostres ne parlent pas des choses des-ia certaines & definies de l'Eglise : mais trop biē des nouuelles & ambigues opinions, comme sont celles de nos trahistres heretiques: car autrement s'il les falloit toutes prouuer a sçauoir-mon s'ils seroient de Dieu, ou nō, & qu'il ne les fallust point reçeuoir qu'au preallable ils ne feussent esprouuez: Il nous seroit par ce moyen loisible, d'esprouuer l'Eſprit des Conciles, de Nice, Conſtantinople, d'Epheſe & Calcedoine: & ce que ſ'en enſuiuroit, c'eſt qu'il faudroit de rechef reuoquer les hereſies impies de Neſtorius, d'Eutiches, Arrius, Macedonius, & pourquoy eſt-ce que ie parle des Cõciles? Il faudroit de rechef prouuer le meſme Eſcriture Sainte, les oracles des prophetes, l'hiſtoire de Moyſe, les Pſeaumes de Dauid, les Epiſtres de ſainct Pierre, ſainct Paul, ſainct Iean, ſainct Iaques, ſainct Iude, & finalement, la ſaincte Eunagile? *cur enim non in his locum habuerit, probate ſpiritus & omnia probate?* Que ſi les choſes, qui ont eſté vnefois approuuées & ordonnees par les ſaincts & legitimes Conciles, doiuent eſtre tenues pour treſ-certaines, & ne doiuent aucunement eſtre reuoquez en doubte. *vt etiam lege ſua cauit, prudẽtiſſimus imperat. Marcianus C. de Sum. Trinit. & fide Catho L. Nemo.* Il n'y a nulle raiſon par laquelle nous debuions ſouffrir que les decrets du Concile de Trente general & Ecumenique, approué du ſainct ſiege Apoſtolique & receu du conſentement de tout le monde vniuerſel, ſoient reuoquez en doute. En apres ſi les choſes ia iugees & definees, pouuoiẽt eſtre remiſes en queſtion, quelle fin y auroit il ie vous prie es controuerſes ? Car ſi les hommes priuez & particuliers, ſ'efforcent d'examiner les decrets du Concile : à plus forte raiſon certainement de rechef le Concile endurera iugement, par l'opinion d'iceux hommes priuez: parquoy perpetuellement retourneront au monde les cenſures & iugements & ce pendant que les eſprits ſ'eſprouueront : il n'y aura iamais rien de ſtable ny certain. Mais voicy certainemẽt vne autre doctrine & ſentence de l'Eſcriture ſaincte. Moyſe au Deutero. cap. 17. quand il diſoit *ſi difficile, atque ambiguum apud te iudicium eſſe perſpexeris & cæt. ſurge & deſcende ad locum, quem elegerit dominus Deus tuus, venieſque ad ſacerdotes leuitici generis & ad iudicem qui fuerit illo tempore, quæreſque ab eis qui iudicabunt tibi iudicij veritatẽ.* Il n'adiouſte pas, *proba ſpiritum iudicis & ſacerdotum* Mais *qui ſuperbierit nolens obedire ſacerdotis imperio qui eo tempore miniſtrat Domino Deo tuo, ex ſententia iudicis morietur.* Et n'eſt diſſemblable, ce que noſtre Dieu dit en ſon Euangile, en S. Matthieu 23. *ſuper Cathedram Moſis ſedebunt Scribæ & phariſæi, quæcunque dixerint vobis ſeruate & facite.* & les Apoſtres au Concile des actes. 15. *viſum eſt (inquit) ſpiritui ſancto & nobis nihil vltra vobis imponere oueris, quã hæc necessaria*. Et sainct Paul, qui escrit quelques fois, *omnia probate* : & toutesfois il ne voulut point esprouuer les enseignemens & sanctions du Concile des Apostres: mais cõme dit fort bien sainct Luc aux actes.16. *Cum pertransiret ciuitates, tradebat eis custodire, quæ decreta erãt ab Apostolis & senioribus in Hierusalem*. Doncque ces paroles la de l'Escriture demeurent *probate spiritus & omnia probate*. Mais non pas pour estre reuoquez aux decrets des Conciles generaux, trop bien pour les reuelations & doctrine des hommes particuliers, principalement si ce sont choses nouuelles, doubteuses, & inouyes, & contraires a la vraye doctrine de l'Eglise, ou contre ce qui ne semblera s'accorder & du tout conuenir à icelle vraye doctrine.

CHAP. XIIII.

RESTE maintenant la derniere obiection, à sçauoir que le Concile de Trente auroit decreté plusieurs choses contre la liberté du Royaume de France, & que pour ceste cause il n'y est pas receu; mais ceste obiection ne fait rien à la chose. Car en cest endroit nous n'agissons pas seulement de la iurisdictiõ Ecclesiastique ou seculiere, mais de la foy & religion. Car c'est nostre dessein de demõstrer, que l'heresie des Huguenots a esté legitimement condamnee de l'Eglise & mesme par les Conciles. Parquoy encores que les decrets du Concile, touchant la reformation, ne soiēt point encores receuz en France: de laquelle chose ie n'ay deliberé principalement de disputer icy: Toutesfois quand aux decrets qui traictent des controuerses de la foy, personne ne peult nier, que le Concile soit moins receu en France: qu'ē aucun autre endroit de la terre, certainement par tous les Euesques, qui gouuernent & regissent le troupeau de Iesus Christ en Frãce. Nostre aduersaire mesme confesse que le Concile est receu & approuué, en la pag. 187. mais, qui est-ce qui se voudroit persuader, que les Euesques de France eussent vne autre foy & religion, que nostre Roy tres-Chrestien, & tout le peuple Catholique? Car comment le Roy pourroit estre appellé tres-Chrestien, s'il estoit contraire en la foy aux Euesques? Et le peuple pourquoy seroit-il dit les oüailles de Iesus Christ, s'il ne recognoissoit aucuns Pasteurs? lesquelles choses donques estant ainsi, le Concile de Trente en explicant la foy Catholique, ne peut estre receu de tous les Euesques de France, que par mesme moyen il ne ſoit receu du Roy tres-Chreſtien: & meſme de tout le peuple Catholique. Que ſi la foy du Concile eſt receuë, honoree & reueree de tous les Eueſques, du Roy, du Clergé, & pareillement de tout le peuple de France, comme à la verité elle eſt, certainemēt les erreurs des Huguenots, & auſſi ceux du Nauarriſte, ſont condamnez en ce Synode, que non ſeulemēt toute l'Italie, & Eſpaigne: mais toute la France, & toutes les nations & prouinces Catholiques confeſſent eſtre legitime en ce qui concerne & qui appartient à noſtre foy & religion.

TROISIESME PARTIE.

CHAP. XV.

IVSQVES icy, nous auons reſpondu aux choſes, que noſtre Apologetique a amené & mis en auant, pour prouuer, que Henry de Nauarre, encores qu'il ſoit Huguenot, qu'il ne ſ'ẽſuit, qu'il ſoit heretique; afin que nous reſpondions, à ce qu'iceluy autheur veult affirmer, que les Rois ne peuuēt eſtre priuez par le ſainct ſiege Apoſtolique à raiſon de l'hereſie, du droit de ſucceſſion ou de commander.

Donques au commencement, en la seconde partie de son Apologie, nombre 8. pag. 61. où il commence la dispute du droit, il ne nie pas qu'il n'y ayt plusieurs rescrits & instruments des Papes & Empereurs, & mesmes des decrets des Cōciles generaux, par lesquels les heretiques, ne soient priuez de tout droit de succession, mais il dit que les loix & canons, s'entendent seulement pour les hommes priuez & particuliers: desquels les biens & successions sont subjets aux loix politiques & ciuiles du Magistrat, mais qu'il y a grande difference des Roiaumes & Empires. En apres, en la pag. 62. il prouue, comme il estime, que par les Loix diuines, les Rois ne peuuent estre desmis de leurs throsnes iustemēt, & pour occasion quelconque; par ce que les Royaumes s'obtiennent de Dieu & non des hommes. En troisiesme lieu, pag. 71. Il s'efforce de demonstrer, que les Princes ne se doiuēt deterrer & espouuenter par peines temporelles par ce que l'heresie est vne maladie d'esprit & non pas de corps & quelle se doit guarir par remede spirituel, & non corporel. En quatriesme instance il confirme le mesme, en la pag. 112. par l'ancienne coustume de nos maieurs, qui ont tolleré patiemment, les Rois & Empereurs heretiques. En cinquiesme lieu, pag. 131. il debat & dit que le Pape n'a point de puissance & iurisdiction sur les Rois & Empereurs: & en la page, 156. il adiouste, que cela a lieu principalement au Royaume de France, ou les Princes iouyssent de ce priuilege, qu'ils ne peuuent estre excommuniez, ny des Euesques, ny du Pape mesme. Et voila ce que nostre aduersaire fait en ceste dispute, presque sans nul ordre, y adioustāt infinies choses qui ne seruent en rien à la matiere proposee. Afin dōc que ie cōmence au premier point, qu'il amene; & ne peut prouuer, i'admire grādemēt, ou son impudēce ou sa malice. Car veu qu'il y a tant de decrets canoniques, par lesquels tous les heretiques de quelque degré ou dignité qu'ils soient, sont priuez du temporel, & lesquels decrets ne sont point cachez à nostre aduersaire, veu qu'il les cite luy-mesme en la page 158. s'il ne prend garde qu'il se contredit appertement en son liure, & s'il le congnoist, imprudent & sans iugement, il sera necessairement meschant, veu qu'il est si outrecuidé d'asseurer, que les decrets ne touchent, & n'appartiennent aucunement aux Princes: mais seulement aux hommes priuez & particuliers: mais recitons ces Canons, *cap. absolutos extr. de hæret. ita legimus. Absolutos se nouerint à debito fidelitatis Dominij: & totius obsequij, quicunque captis manifestè in hæresim aliquo pacto, quacumque firmitate vallato tenebantur obstricti.* A sçauoir-mon si ce decret principalement n'appartient pas aux Princes: de l'obeïssance & fidelité desquels le peuple est absoubs, la consequence est, que ils soient ensemble deiectez de leur principauté. *cap. Excommunicamus, eo. tit. §. moneatur.* De rechef en ces termes le sainct Concile general & Ecumenique approuué de tous les Péres Orthodoxes, decrete vne loy. *Soient aduertis & induits, & s'il est necessaire mesme contraincts par censure Ecclesiastique, les puissances seculieres, de quelque dignité ou office qu'ils soient: que comme ils veulent & desirent estre estimez fidelles, aussi ils prestent le serment publiquemẽt, que des terres subiectes à leurs iurisdictions, ils s'efforceront de toutes leurs forces d'exterminer & chasser tous les heretiques qu'ils sçauroient auoir esté denoncez par l'Eglise. De maniere que toutesfois & quantes que quelqu'vn sera esleué en puissance, soit spirituelle ou temporelle, soit tenu de ratifier ce chapitre. Mais si le Seigneur temporel requis & admonnesté de l'Eglise, negligeoit de purger sa terre de la puan-*

" *reur de l'herefie, foit excommunié par le metropo-*
" *litain, & Euefque de la Prouince, & s'il conti-*
" *nuoit de fatisfaire dedans l'an, qu'il foit fignifié au*
" *fouuerain Pontife, afin que deflors il declare les*
" *vaffaux & fubiects abfoubs de fa fubiection &*
" *obeyffance, & que les Catholiques fe puiffent met-*
" *tre dedans, & la poffeder fans aucune contradi-*
" *ction ou fcrupule, ayât exterminé telle racaille des*
" *heretiques, & la puiffent conferuer en la pureté*
" *de la foy, referué toutesfois le droict du principal*
" *& fouuerain Seigneur, pourueu qu'il ne mette au-*
" *cun empefchement ou oppofition : neantmoins la*
" *mefme loy obferuee, enuers ceux qui n'ôt point de*
" *fouuerains Seigneurs.* Iufques icy font les mots du Concile. Si donc les premiers font priuez de la iurifdiction temporelle, quant negligemment ils mettent peine à l'extirpation des heretiques : Combiē a plus forte raifon, deuroient-ils eftre priuez, fi eux-mefmes ils font heretiques, & qu'ils fe parforcent d'ayder & entretenir l'herefie aux lieux fubiects de leur obeyffance? *His accedunt decreta Gregorij 7. & Vrbani 2. quæ habētur apud Gratianum Cano. Nos fanctorum, & Can. iuratos* 15. 9. 7. ou font declarez de la foy & hommage, tous ceux qui font fubiects à vn Prince excommunié de l'Eglife : d'auātage l'intention de ceux qui ont fait les de-

crets & Canons n'a point esté telle (combien mesme qu'en iceux ils n'eussent point faict mention des Princes, comme veritablement ils sont) que de les excepter des loix commune, sdonnees contre les heretiques : les exemples le declarent, Gregoire second, n'excommunia pas seulement Leõ Empereur heretique Iconoclaste; de laquel le heresie nostre autheur ne niera pas que Henry de Nauarre, & tous les autres heretiques, ne soient entachez & malades : mais aussi il le mulcta & priua de la portion de son Empire, qui estoit en Italie, & deffendit aux Italiens, de ne le recongnoistre pour Empereur: & que desl'ors en auãt, ils ne luy rendissent ne payassẽt aucun tribut ny peages. Et non seulement Cedrenus & Zonaras racontent ceste histoire en la vie de Leõ Isaure: Mais aussi les Lutheriens de Magdebourg en l'histoire Ecclesiastique, en la Cẽturie 8. cap. 10. Et quand le Pape Zacharie eut entendu, que pour la grande bestise de Childeric Roy de France, qu'il se voyoit en France auoir mauuais succez & tresgrand peril de la religion & du Royaume, estant prié par les plus grands, deliura le peuple du sermẽt de fidelité, dont ils estoiẽt tenus enuers iceluy Childeric, & manda que l'on esleust Pepin.

Les anciennes Chroniques de France, disent ainssi que Zacharie ayant donné son authorité, commanda que l'on constituast Pepin Roy; Et desllors Pepin fut appellé Roy par l'ordonnance du Pape Gregoire septiesme, par son decret & ordõnance excommunia & priua de l'Empire que tenoit, il y auoit-ia plusieurs annees Henry quatriesme, tant, comme pour plusieurs crimes que aussi pour la simonie, que les anciens appellent heresie de Simon le Magitiẽ, desquelles choses sont pleines toutes les Histoires. Mais entendons vn peu pour tous, vn Murianus Escossois qui estoit de ce temps la, il escrit ainssi en sa Chronique de l'ã 1075. que les Catholiques voyans & entendans les meschancetez & crimes enormes qui ce faisoient & commettoient par ce Roy Hẽry, estans dit il iceux Catholiques constituez durant ce tẽps en l'Eglise & zelez du zelle de Dieu, pour la maison d'Israël auec le Prophete Helie, ils enuoyerẽt incontinẽt Ambassadeurs à Rome par deuers Alexãdre pour se complaindre, tant par lettres, que par voix pleurant & lamentãt des choses qui ce faisoiẽt par la rage & furie des Symoniaques heretiques, en Allemagne, estãt Hẽry leur auteur & patrõ. Et plus bas, Gregoire, ayant entendu les iustes plaintes & clameurs des Catholiques, a l'encontre de ce Héry, & la cruauté & barbarie de ses impietez : estant ambrassé du zelle de Dieu, prononcea, iceluy Henry heretique, principalement pour la Simonie : Ce que estant faict, il pleut fort aux bons Catholiques, mais au contraire il despleut grandement a ces maudits Simoniaques, & fauteurs, de ce meschant Roy. Dieu veille par sa saincte misericorde, qu'il n'y en aye point de semblable auiourd'huy en nostre pauure & affligee France.

CHAP. XVI.

D'AUTANT dõc que les decrets de l'Eglise sont si clairs & apparens, par lesquels les Princes, en cause d'heresie sont assubietis aux peines tẽporelles, & à la perditiõ, de leurs Royaumes & Empires, voyons si ces decrets sont accordants & s'ils conuiennẽt au droit diuin : ou s'ils y repugnẽt comme pretend nostre aduersaire. *Les Empires & Royaumes (dit il) en la pag. 69. ne peuuent estre ostez des mains des seigneurs legitimes, soit pour l'heresie, soit pour quelque autre cause que ce soit : pour autant qu'ils les tiennent immediatement du Dieu eternel, & non par la force humaine.* & prouue cela estre vray par ces passages de la saincte escriture. *Per me reges regnant & cæt. prouerb. 8. ut uiuentes intelligant altissimum dominari in regno hominum, & dare ipsum cui vult & cæt. Dani. 4. feci terram, & hominem, & bestiam, quæ est in superficie terræ potientia mea, & dedi eam cui visum est dare, &c. Hiere. 7. Time regem, Roma. 13. Dabo tibi regem in furore meo. Oseæ 13. facit ut regnet hypocrita ob peccata populi: Iob 34.* ausquels il adiouste l'opinion d'Isidore, prinse du decret de Gratian, *difficile est (inquit) reuocare principem in melius, si vitijs deditus est, quia populares metuunt magistratum, reges autem nisi retrahantur solo timore Dei, & tormentorum infernalium metu: præcipitant se in omnem litenciam, & se abire sinũt in abyssium peccati.* & voila les vaillants argumens, par lesquels nostre ennemy Apologetique veut & pense demonstrer, que les Royaumes immediatement sont donnez de Dieu: & par ce moyẽ, ne pouuoir nullement, estre ostez de la main des Princes legitimes. Il me fasche certainement de disputer auec ceste grosse beste, qui n'a ny dialectique & onques ne gousta mot de Philosophie, & qui n'a leu les escritures qu'assez negligemment, & desquels n'a pas grande congnoissance, de la iurisprudence, dont c'est habil homme faict profession: Car ie vous

vous prie, qu'est ce que ces lieux de l'escriture; qu'est ce que le passage d'Isidore font & profitent a la chose: ou est ce, qu'il y en ces passages, que les royaumes s'y donnent immediatement de Dieu? Qui est ce qui à iamais nié, que les royaumes sont concedez de Dieu, que le Roy doit estre craint, que le meschant Roy & impie, tombe en toute licence de vices & meschãceté: mais à sçauoir-mon si incontinent on colligera de la, que les royaumes soient commis immediatement de Dieu: & ne pouuoir estre tollis & ostés par cause que ce soit? Car s'il est loisible d'argumenter en ceste façon, ie feray aussi, en fin que tout ce que les hommes priuez ont. Il leur a esté donné immediatement de Dieu, & par mesme moyen, ne leur pouuoir estre oste par raison & cause quelcõque. Voicy les paroles de l'Apostre sainct Paul act. 14. *Et quidem non sine testimonio semetipsum reliquit benefaciens de cælo, dans pluuias, & tempora fructifera, implens cibo, & lætitia corda nostra, & cap. 17. idem Apost. Deus, qui fecit mundum, & omnia quæ in eo sunt hic cæli & terræ cum sit dominus, non in manu factis templis habitat, nec manibus humanis colitur, indigẽs aliquo cũ ipse det omnibus vitam, & inspirationem & omnia.* Colligẽõs maintenãt ſelon la Dialectique, l'argumẽt de noſtre aduerſaire en ceſte façon. *Deus dat omnibus vitam, inſpirationem, cibum, & omnia: ergo omnia immediante dantur à Deo: ergo neque ob hæreſim, neque ob vllum aliud ſcelus, priuàri poſſunt homines, vita vel facultatibus.* c'eſt à dire. Dieu donne la vie à tous, l'inſpiration, le viure, & toute autre choſe: parquoy toutes choſes, ſe donnent immediatement de Dieu. Donc ny pour l'hereſie, ny pour aucun autre crime, peut-on priuer les hõmes, ou de vie, ou de biens. Parquoy ſont iniuſtes & iniques tous les magiſtrats, qui mulctent & puniſſent les larrons, les faulſaires, les traiſtres, les ſorciers; & toute autre telle maniere de gens, ſoit par la vie, ſoit par les biens. Qui eſt-ce qui pourroit ſupporter vn homme ratiocinant en telle maniere ſi abſurdement & meſchamment? & totalemẽt eſt tel l'argument de noſtre aduerſaire. D'auantage que l'inſtitution des Roiaumes aye prins ſon origine par les eſlections des hõmes, & appartienne au droit des gens, eſt iuſques icy, ſi notoire à tout le monde: que meſme iceluy Apologetique ne le pourroit nier: car ny du droit naturel, qui eſt immediatement de Dieu, peut-on faire que les hommes regnent pluſtoſt par Monarchie;

que Ariſtocratie, & Democratie, ou par autre forme de regir & gouuerner: autrement toutes les Republiques ſeroient iniuſtes & illicites, beaucoup deſquelles nous voyons eſtre en l'Egliſe Catholiques floriſſantes auec grand honneur & loüanges. Et ou les Royaumes ſont ordonnez & inſtituez, cela n'eſt pas immediatement de Dieu, que ceſte famille, pluſtoſt que ceſtelà occupe le Royaume: mais par le conſentement & volonté de tout le peuple, les Rois ſont inſtituez: ſoit que au commécement des eſlections, (ce qui a eſté toutesfois rare,) tout le peuple tranſportoit ſon droit à quelque hóme graue & de ſage entreprinſe, ou bien ſoit, ce que aſſez ſouuẽt, eſtant oppreſſé tyranniquement, ou par violence, & meſme eſtant dompté & ſurmonté par armes, peu à peu il auroit commencé d'approuuer la puiſſance Roialle de ſon vainqueur, & celuy qui l'auroit ſurmõté. Et à ce qu'il ne nous ſoit neceſſaire d'aller chercher plus loing des arguments en choſe ſi euidente, mettons les paroles meſmes de noſtre aduerſaire. Il dit ainſi en la page 64. *le peuple a remis toute ſa puiſſance entre les mains du Roy*. Que ſ'il eſt ainſi, comme à la verité il eſt, les Roiaumes ſont erigez &

establis, non pas immediatemēt de la main de Dieu, mais par l'humain consentement & iugement. Ce que facilemēt nous pourrons confirmer par les mesmes authoritez de l'Escriture, que nostre Apologetique a amenez pour luy. Le premier, qui est tiré du huictiesme chapitre du Prouerbe: *Per me reges regnant, & legum cōditores iusta decernūt:* Il enseigne que les Rois sont establis de Dieu pour regner: tout ainsi qu'ils ont de Dieu, à ce qu'ils facent des loix iustes & sainctes. Mais ils n'ont pas de Dieu immediatemēt qu'ils puissent establir de bonnes loix, comme si en dormant (ainsi comme autresfois à Salomon) il leur donnast la sapience infuse ou dictée les loix: mais par conseil, prudence, industrie & par labeur, Dieu toutesfois y aydant, les Legislateurs decernent de iustes loix; d'où vient que l'on ne les nomme pas diuines, mais humaines, ainsi tout de mesme les Rois ont de Dieu les Royaumes pour regner, d'autant que auec le don de sapience, qu'il leur est dōné, & qui est principalement requis en cest endroit: En fin ils paruiennent iustement & legitimement aux Roiaumes, ou l'ayāt desia acquis, ils le puissent heureusement regir & gouuerner. L'autre passage qui est extraict du quatriesme chapitre de Daniel, qu'il presche de la prouidence de Dieu, par laquelle les Royaumes souuentesfois sont changez, & sont trãsferez de nation en nation, & d'vne prouince, en vne autre prouince. Toutesfois icelle prouidence n'oste pas les conseils humains, mais elle les gouuerne. Parquoy Dieu ne peult estre dit faire les choses qu'il fait immediatement: mais aussi celles qui sont dirigees & conduictes par sa prouidence ou ainsi le permettant, & que les hommes font par leur labeur & industrie: Ce que nous voyons manifestemẽt auoir esté aux Royaumes des Babyloniens & Assyriẽs, dont l'Escriture saincte est toute remplie. Car certainement Nabuchodonozor, duquel parle Daniel au lieu preallegué, tant s'en fault qu'il eust vn si grãd Royaume immediatement de Dieu, que non seulemẽt il seroit paruenu par force & violence, outre toutes les oppositions du peuple, dont il fut depuis puny griefuement de Dieu: & toutesfois par ce que la diuine prouidence, laquelle congnoist que l'on peult bien vser mesme des choses mauuaises, a voulu que l'on aye vsé de ceste damnee cõuoitise de regner qui estoit en ce Nabuchodonozor: comme d'vne verge de sa fureur & ire, pour punir les autres nations: & pour ceste occasion nous disons, que Dieu luy conceda ce Roiaume tant grand & noble. *Hier. 27. Ego dedi, ait Dominus, omnes terras in manu Nabuchodonosor Regis Babylonis.* Mais comment le luy a-il donné? Escoute Isaie le Prophete au chap. 10. *Assur virga furoris mei baculus ipse est, in manu eorum indignatio mea ad gentem fallacem mittam eum, & contra populum furoris mei mandabo illi, vt auferat spolia, & diripiat prædam, & ponam illum in conculcationem quasi lutum platearum. Ipse autem non sic arbitrabatur, & cor eius non sic existimabat, &c.* Et en ce lieu nous voyons appertement, auoir esté enuoié de Dieu ce Roy des Assyriés, pour occuper & destruire toute la prouince de Palestine: non pas qu'il eust eu commandement, ou l'obediéce seroit loüable: mais par ce que Dieu l'a permis ainsi, afin d'assouuir sa cõuoitise sur ce peuple qui estoit digne de telle punitió, & qu'il en auroit esté luy-mesme puny par apres: d'autant qu'il auroit enuahy & vsurpé vne prouince en laquelle il n'auroit aucun droit. Car voicy ce qui ensuit en Esaie. *Et erit, cùm impleuerit Dominus cuncta opera sua in monte Siô, & in Hierusalem, visitabo super fructum magnifici regis Assur, & super gloriam altitudinis oculorum eius. &c.* En mesme façõ doiuẽt estre entenduz tous les autres lieux, tãt de Hiere. Osee, & de Iob, mis en ieu par nostre aduersaire, mais cestuy cy de l'Apostre (*regem time*) pourquoy ie vous prie, y appartient il aucunement? Pourquoy est ce que le Roy sera craint, s'il n'apparoist, auoir esté immediatement creé & enuoyé de Dieu; finalement ce passage d'Isidore mis en auant en dernier ressort, ne faict rien autre chose sinon que si les Roys puissants ne veullent estre gens de bien, à grande peine certainement peuuent ils estre reduits, veu que bien souuent encores qu'ils soient cõdãnez de droit, persõne ne se met en effect de les contraindre. Sont amenez en ceste Apologie vn bon nombre d'exemples: comme de Louis quatriesme & Frederic 2. Empereurs, comme aussi de Boleslaus Roy de Polongne, & de Henry 8. d'Angleterre, lesquels combien qu'ils feussent forbannis de leurs Empires, par le sainct siege Apostolique, toutesfois ils demeurent de faict en leur meschante vie & en leurs Royaumes. Icy certainement il faut noter, que Isire n'a pas escrit, qu'il n'y auoit personne qui peust contraindre les Roys en leurs ordres: Mais, qu'il estoit fort difficile, de les reuoquer & reduire à meilleure vie : Ce qu'il ne peut doubter estre tresueritable; & par ainsi nullement du monde il n'opugne & cõtrarie nostre opinion. Ce qu'estant ainssi toute la raciocination de nostre ennemy est ruinee & renuersee, à sçauoir que les Royaumes sont donnez de Dieu : & que par ce moyen ils ne peuuent estre ostez des mains de ceux qui les possedẽt, & des vrais Seigneurs. Parquoy nostre aduersaire Apologetique, n'a pas prouué, ce qu'il veut; mais nous au contraire, facilement auons prouué, que iusques icy les princes legitimes, à raison de leur heresie, peuuent estre si iustement priuez de leurs Royaumes & dominations, qu'ils n'ont aucune occasion de se plaindre. Quãd les princes politiques viennent a l'Eglise, affin d'estre faits Chrestiens, ils sont certainement receuz, mais auec telle condition qu'ils soubsmettront leurs sceptres à Iesus Christ, & qu'il ne destruiront poinct l'Eglise Catholique, mais qu'ils la deffendrõt de toute leur puissance & que s'ils ne la font, ils pourront mesme estre punis par la perte de leurs Royaumes, car autrement l'on ne peut seurement admettre au saint sacrement de baptesme, & est indigne du Roaume de Dieu, qui n'est prest & appareillé de seruir à Dieu, & qu'il ne veille perdre pour l'amour de luy, tout ce qu'il a, veu que nostre seigneur dit en son Euangile Luc. 14. *Si quis venit ad me & non odit Patrem suum, & matrem, & vxorem, & filios, & fratres, adhuc autem & animam suam, non potest meus esse discipulus.* & de rechef au mesme endroit. *Qui non renunciat omnibus quæ possidet, non potest meus esse discipulus.* Lesquels lieux, comme fort bien explique S. Augustin en l'epist. 5. ad Marcell. doibuent estre ainsi entẽduz. Que celuy ne peut estre disciple de Iesus Christ, qui n'est appareillé, de plustost n'auoir point de fẽme, d'enfans, de parens, ny de richesses & honneurs: & mesmes encore d'estre priué de la vie, que d'offenser la bõte de nostre Dieu. En apres quand Dieu au Deuteron. cap. 17. deffend seuerement de faire vn Roy, qu'il ne soit de nos freres, de peur qu'il n'e attire le peuple à l'Idolatrie & cult des faux Dieux, estrangers ou de faulse doctrine: Par quel droit pourroit l'Eglise admettre en sa compagnee vn Roy qui voudroit impunément ayder & deffẽdre les sectes des Huguenots: destruire la vraye religion, & demolir l'Eglise? De la sainct Remy (comme tesmoingne sainct Gregoire de Tours, liure 2. de l'hiſtoire de France chap. 31. quand il voulut baptizer Clouis premier Roy Chreſtiē il dit qu'il luy diſt en telle maniere. *Mitis depone colla Sicamber, adora quod incendiſti, incēde quod adoraſti.* De la auſſi eſt venu en couſtume entre tous les Rois Catholiques, que en iceluy Sacre ſi ſolennel, ils iurent qu'ils deffendront la foy & religion Catholique: parquoy certainement l'Egliſe ne faict aucun tort ou iniure aux Rois, veu qu'elle les exhorte & commande de bien vſer de leur puiſſance ciuile & politique, & de punir par les loix eſtablies & peines ordonnees les impies blaſphemateurs; & principalement les heretiques: & ſ'ils ne le font, les bannir de ſa compaignie, & les priuer de principauté & domination ſur les Catholiques. Et commande au peuple fidelle, de ne leur obeyr & obtemperer en ſorte quelconque. Et ne nuiſt ny empeſche, ce que noſtre aduerſaire crie & publie par tout, que les peuples ſont de droit diuin obligez d'obeyr à leurs Rois, & de garder entierement la foy promiſe par ſerment. Car l'Egliſe n'enſeigne pas, qu'il ne fault obeyr aux Rois quād ils ſont gens de bien, mais en les excommuniāt & depoſant, elle fait qu'ils ne ſont plus Rois: & finalemēt declare les ſubiects eſtre deliurez de l'obeyſſance qu'ils debuoient. Car meſme par droict diuin les debtes ſe doibuent payer aux crediteurs: mais ſi ceux qui eſtoient crediteurs, delaiſſent d'eſtre plus crediteurs, tout enſemble ceſſe l'obligation de payer les debtes. A ces choſes peuuent (teſmoin noſtre aduerſaire, page 171.) les Princes & Rois ſ'abaſtardir de leur principauté: & par ce moyen ſont deliurez les ſubiects du iurement qu'ils leurs auoiẽt preſté, en ſorte qu'ils ne pechent point cõtre la Loy de Dieu. Donc tout ainſi comme les peuples ne commettent aucun peché contre la Loy & commandement de Dieu, ſ'ils denient l'obeyſſance au Roy qui ſ'abaſtardiſt luy-meſme & de ſa franche volonté. Ainſi auſſi ils ne pechent nullement ſ'ils denient l'obeyſſance à celuy qui en eſt depoſé iuſtement, & reduit au nombre & ordre des priuez & particuliers par l'Egliſe Catholique. D'auantage toutes ces choſes ce pourroient encores confirmer par pluſieurs exemples, mais ie me contenteray tant ſeulement d'vn, qui eſt principalement propre à ce lieu, & faict merueilleuſement à la choſe. Childeric Roy legitime de Frãce, nonobſtãt la loy de naturelle ſucceſſion & du iurement de fidelité & obedience, laquelle tous peuples de droit diuin doiuent a leurs Roys fut malgré luy deiecté de son trosne, & fut substitué en son lieu vn autre Roy, personne ne peut nier cela, & nostre Apologetique mesme cõfesse en son liure. Mais ils ne nient pas que cela n'aie esté bien & legitimement faict, qui ne veulent auoir esté faire aucun tort aux Roys par ceux qui pour lors commandoient en France. Et ne ce peut aussi nier par aucune raison, car en premier lieu tous les anciens, qui en ont escript loüent merueilleusement ce faict: En apres il a vne grande cause: car (comme escript saint Boniface, en l'epistre qu'il escrit à Zacharie) pour la bestisse & peu de iugement de ce Childeric, & des predecesseurs Roys il n'y eut aucun sinode tenu en Frãce par l'espace de quatre vingts ans. Les Eglises estoient detenues & occupees par les laics & publicans, presque par tout, les clercs auoient quatre ou cinq concubines, & s'en falloit fort peu que la pauure Eglise ne feust veue estre conculquee & dissipee & reduite à son dernier periode. Les auteurs de ce fait estoient gens fort saincts, car celuy qui cõmanda de ce faire fut Zacharie Pape, tenu de tous pour tres homme de bien, lequel S. Boniface pape & martyr ensuyuit, lesquels certainement n'eussent iamais esté auteurs d'iniustice & crime publiq. En fin l'euenement de la chose nous enseigne clairement que elle fut aggreable à Dieu, & grandement profitable au pauure peuple de France: car iamais la France ne fut plus puissante, si florissante en religion, que durant les regnes de Charles & Pepin. Parquoy la resolution est telle, que l'on peut aucunefois priuer les Princes legitimes, (& de droit) de leurs iurisdictions & dominations.

CHAP. XVII.

MAINTENANT il s'esuit, affin que nous espluchõs de plus pres briefuement, ce que nous auõs mis en troisiesme lieu, à sçauoir, si les Princes heretiques doiuent, pour cela estre punys par peines temporelles, d'autãt que l'heresie est vne maladie spirituelle, & non pas corporelle. Car nostre aduersaire parle en ceste sorte pag. 71. *d'auantage ie confirme cecy, que l'on ne doibt prẽdre raison de guerir ce mal par les armes, ne sçauez vous pas, que quand l'on traicte de la doctrine de la religion, que l'erreur en la religion, est maladie de l'ame & de l'esprit? Pourquoy donc cherchez vous les medicaments spirituels, en la cure & guarison de ces maux?* Et plus bas en la pag. 146. que ce qu'il auoit dit l'heresie, s'estend aux autres

pechez, qui ſe commettent contre Dieu.
„ *Mais celuy (dit il) qui peche contre Dieu, comme*
„ *diſoit Alexan. Seuere, a aſſez Dieu pour vẽgeur,*
„ *car le Dieu tout puiſſant ſ'eſt reſerué tout le ſup-*
„ *plice, affin que le pecheur peuſt prendre de la oc-*
„ *caſion de recongnoiſtre ſa coulpe, & de venir a*
„ *recipiſcence en ce monde, (ſe ſont ſes propos)* Par
leſquelles paroles i'eſtime, qu'il ne ſe peut dire rien de plus abſurde, plus pernicieux, & qui contreuienne & abhorre plus de la verité. Car ſi les pechez leſquels propremẽt ſe commettent contre Dieu, ſont reſeruez au ſeul Dieu pour eſtre punies, il ſ'ẽſuiuroit entre les Chreſtiens, que les pariuremens, les ſacrileges, & les blaſphemes, ſeroient libres; & non ſeulement cela, mais encores, que impunement l'on ouuriroit les temples des faux Dieux, l'on fabriqueroit des Idoles, & offriroit-on des ſacrifices à Iupiter, à Saturne, & à tous les autres demons: & ſi les maladies de l'eſprit, doiuent eſtre ſeulement gueris par les remedes ſpirituels, nuls pechez totalement deuront ils eſtre punis par les loix des Princes & par Magiſtrats. Car & ny les larrecins, les adulteres, les fraudes, les corruptions, les faux teſmoignages, les crimes & meſchancetez, tous les autres maladies du corps, voire-meſmes celles de

l'esprit, pourront-ils estre appellez vices. Mais l'opinion & sentence de l'Escriture, & de l'Eglise de Iesus Christ, est bien tout au contraire, au Deuteronome 13. *Si surrexerit, inquit Dominus, in medio tui prophetes, aut qui somnium vidisse se dicat, & prædixerit signum atque portentum, & euenerit quod loquutus est, & dixerit tibi: Eamus & sequamur Deos alienos quos ignoras, & seruiamus eis: non audies verba prophetæ illius aut somniatoris: quia tentat vos Dominus Deus vester, vt palam fiat vtrum diligatis eum an non, in toto corde, & in tota anima vestra, Dominum Deum vestrum sequimini, & ipsum timete, & mandata illius custodite, & audite vocem eius, ipsi seruietis, & ipsi adhærebitis. Propheta autem ille, aut fictor somniorum interficietur: quia loquutus est, vt vos auerteret à Domino Deo vestro, qui eduxit vos de terra Aegypti, & redemit vos de domo seruitutis: vt errare te faceret de via, quam tibi præcepit Dominus Deus tuus, & auferes malum de medio tui. Si tibi voluerit persuadere frater tuus, filius matris tuæ, aut filius tuus, vel filia, siue vxor quæ est in sinu tuo, aut amicus quem diligis vt animam tuam, clam dicẽs: Eamus & seruiamus dijs alienis quos ignoras tu & patres tui cunctarum in circuitu gẽtium quæ iuxta vel procul sunt, ab initio vsque ad finem terræ: non acquiescas ei, nec audias, neque* pereas & oculus tuus, vt miserearis & occultes eum, sed statim interficies. Sit primum manus tua super eũ, & post te omnis populus mittat manũ. Lapidibus obrutus necabitur: quia voluit te abstrahere à Domino tuo, qui eduxit te de terra Aegypti, de domo seruitutis. Vt omnis Israel audiens timeat, & nequaquam vltra faciat quippiam huius rei simile. Si audieris in vna vrbium tuarum, quas Dominus Deus tuus dabit tibi ad habitandum, dicentes aliquos. Egressi sunt filij Belial de medio tui, & auerterunt habitatores vrbis tuæ atque dixerunt. Eamus & seruiamus dijs alienis quos ignoratis. Quære sollicite, & diligenter rei veritate perspecta, si inueneris certum esse quod dicitur, & abominationem hanc opere perpetratam. Statim percuties habitatores vrbis illius in ore gladij, & delebis eam, omniaque quæ in illa sunt, vsque ad pecora. Quicquid etiam supellectilis fuerit, congregabis in medio platearũ eius, & cum ipsa ciuitate succendes, ita vt vniuersa consumas Domino Deo, & sit tumulus sempiternus, non ædificabitur amplius, & non adhærebit de illo anathemate quidquam in manu tua, vt auertatur Dominus ab ira furoris sui, & misereatur tui, multiplicetque te, sicut iurauit patribus tuis. Quando audieris vocem Domini Dei tui, custodiens omnia præcepta eius quæ ego præcipio tibi hodie, vt facias quod placitum est, in conspe-

ctu

ctu Domini Dei tui. Que dira icy nostre aduersaire? à sçauoir-mon si ceste maladie d'esprit, n'est pas vne faulse opinió, que l'on a de Dieu? à sçauoir-mon si ce n'est pas proprement contre le seul Dieu, que d'adorer les Idoles & faux Dieux? Et qu'est-ce, ie vo⁹ prie, que Dieu mesme a iugé de ce genre de maladie? En a-il voulu seulement traicter par exhortations & disputes? En apres le sainct Prophete Helie, n'a-il pas tué tout ensemble quatre cens faux Prophetes? Iehu & Iosias, n'ont-ils pas faict le semblable par le commandement diuin? Qu'est-ce que non seulement les saincts Prophetes & Rois, mais les mesmes Ethniques, Nabuchodonosor & Darius, ont commandé de punir ceux qui blasphemoiēt le grand Dieu d'Israël, par loix tres-seueres & rigoureuses? Lesquels sainct Augustin en l'Epistre 50. *ad Bonifacium*, escrit que principalement en ceste chose, l'on rend & faict-on grand seruice à Dieu. Que diray-ie encores des Empereurs Chrestiens? n'auons nous pas les loix de Constantin, Theodose, Valentiniā, Martian, Iustiniā, de Michel, & de plusieurs autres tresbons & religieux Princes, par lesquelles sont mulctez & punis les heretiques, aucunesfois de tous leurs biens, au-

3. liure des Rois 19.

4. des Rois. 10. 2. 3.

Daniel. 3. 6.

Cap. de haret. l. Manich. l. Arriani. l. Quicunque.

cunefois par le fouët & exil, & le plus souuent par la mort mesme? mais personne ne peult doubter si ces loix sont approuuees de l'Eglise de Iesus Christ: car (afin que i'obmette les decrets recents) certainement le Concile de Nice, premier, soubs Constantin, demanda cela, & l'obtint, à sçauoir, que Arrius Heresiarche, auec quelques vns de ses consorts fussent enuoyez en exil, de cecy est tesmoin Sozomene, au premier liure de son histoire Ecclesiastique chapit. 20. Et sainct Leon en l'Epist. 91. qu'il escrit, *ad Turbium*. au chap. 1. A bon droit (dit-il) nos Peres, du temps desquels ceste meschante heresie a prins pied, feirent constamment par tout le monde, que cest impie fureur feust repoulsee de l'Eglise vniuerselle. Aussi quād les Princes du monde ont tellement detesté ceste folie; qu'ils ruerent par terre & l'autheur, & plusieurs de ses disciples & sectateurs par l'espee des loix publiques. Et profita long temps ceste destruction & rigueur à la douceur de l'Eglise, laquelle combien que contente du iugement Sacerdotal fuit les vengeāces cruelles, est toutesfois aydee par les seueres constitutions des Princes Chrestiens, cependant que quelquesfois ceux ont recours au remede spirituel, les-

Paul. dia. lib. 16. & 24. de Roman. reb⁹.

August. epist. 166.

quels craignent la peine & supplice corporel: Ce que mesme dit estre vray & approuué par experience trescertaine. Sainct Augustin en l'Epistre 48. *ad Vincentium.* où il affirme que plusieurs Donatistes sont retournez à l'Eglise, à l'occasion des peines qui furent ordonnees par les Loix & Edicts des Princes Catholiques : mais combien que ces peines n'eussent gueres profité aux heretiques, si est-ce toutesfois, que personne ne peult nier, qu'elles n'ayent profité à la bergerie de Iesus Christ, d'auoir ainsi contraint & rechassé, à quelque occasion que ce feust, ces loups enragez. Parquoy sainct Gregoire loüe grandement Gennadius au premier liure de ses Epistres chap. 77. de ce qu'il auroit auec grand zelle, poursuiuy par armes les heretiques, & l'exhorte afin que puissammẽt & heureusement il poursuiue.

Chap. XVIII.

Mais quand à ce que nostre aduersaire nous obiecte en quatriesme lieu, de la coustume de noz ancestres, qui ont souffert & enduré: plusieurs heretiques, cõme Constant, & Valent Arrians, Anastasse Eutichiã, Heraclius, & s'il y en a encores, quelques vns, cela n'importe & ne faict rien a la chose. Car l'Eglise ne doibt point abuser temerairement & inconsiderément de sa puissance:mais guerres souuent n'est aduenu, que la puissance de quelques Rois, aye esté ioincte auec la cruauté & meschanceté, que la censure Ecclesiastique n'aye aussi profité quelque chose pour les contraindre, & n'aye seruy grandement aux peuples Catholiques, contre lesquels les Princes irritez, deuiennent plus cruels. Car qu'auroit-il profité autrefois à l'Eglise, si elle eust extreprins d'excommunier les Ostrogoths en Italie, ou en Espaigne les Vvisigoths, ou les Vvandales en Affrique, encores que à bõdroit elle l'eust peu faire. Ce qui se doibt de mesme entendre de Constant, Valens & les autres sus-nommez. Car les temps estoient tels, que plustost les Euesques debuoient estre prests d'endurer martyre, que de contraindre les Princes. Mais quand l'Eglise à veu quelque lieu ouuert à sa puissance, ou auec le profit & vtilité spirituelle des Princes, ou certainement sans la ruyne & detriment du peuple, ne s'est pas faict tort a elle-mesme, ny tant oublié, comme fort bien le demonstrent les exemples susalleguez. Ainsi de mesme l'Eglise iugea Leõ debuoir estre priué d'vne partie, & Henry de tout l'Empire, & Childeric du Roiaume de France, comme de fait par apres ils furent priuez. Parquoy l'eglise n'a point pour ceste occasion tolleré ces anciens Empereurs, Constance, & Valent (comme songe nostre aduersaire) pour ce qu'ils auroiẽt legitimement succedé à l'Empire: car autrement elle n'auroit pas moins supporté & souffert Leon, Hẽry, & Childeric, lesquels auoient legitimement succedé: mais par ce qu'elle ne pouuoit contraindre les vns sans le detriment du peuple, & toutesfois elle pouuoit bien les autres.

Chap. xix.

Finalement sommes paruenuz au cinquiesme & dernier, & iceluy principalement chef de tout le differend, ou briefuement il faut expliquer ceste questiõ. A sçauoir-mon s'il appartiẽt au souuerain Pontife, si a iuste cause, il demãde que les Princes Chrestiens, soient priuez de leurs Royaumes & Empires, par authorité Apostolique, en quoy nostre aduersaire à consommé tout le chapitre ou nombre 16. de la seconde partie de son Apologie, & affin que nous declarions toute la chose par ordre, nous admenerons premierement la principalle & plus solide raison, par laquelle sera approuuee la verité de la chose: En apres nous resoudrons tout ce que nostre aduersaire pourroit excogiter a l'encontre. Dōc quand à ce qui appartient au premier, toute la chose depend de deux opinions, l'vne que le souuerain pontife qui est le Pape, est pere & pasteur de toute l'Eglise & de tous les Chrestiens: l'autre, que le souuerain pasteur de toute l'Eglise commande non seulement aux hommes priuez & particuliers: Mais aussi aux Roys & princes Chrestiens, de sorte, que si la cause de Dieu & de l'Eglise le requeroit, il les peut despouiller & destituer de leurs Royaumes & Empires. Et d'autant que ces deux sentences sont veritables, il n'y a personne qui ne voye qu'il s'ensuit incontinent, que le Pape vse de son droit, quand il priue les Princes Chrestiēs de leurs sceptres & courōnes, quād la cause le requiert. Nostre aduersaire n'eust iamais nyé la premiere sentence, s'il se feust dit vrayement Catholique (comme il à fait mentans impudemment) ny docteur en tous les deux droicts, car qu'est ce que plus souuent les loix & canons repettent, qu'il n'y a qu'vn Pape de Rome souuerain pontife, & chef de toute l'Eglise? mais non seulement en vn endroit de son Apologie il nye que le Pape aye aucun droit sur les Euesques, n'y mesmes sur les Princes de Frãce: car en la page. 93. *Il dit veu que le Pape n'a aucune iurisdiction ou cognoissrnce sur les Euesques & princes de Frãce*, &c. Et en la pag. 156. *du droit, authorité, & dignité de la Maiesté de nostre Roy, qui ne recongnoist autre que Dieu en son Royaume: Il n'est pas loisible au Pape, ou autre Euesque d'excommunier les citez ou les personnes subiectes au Royaume de France.* Et encores en la page. 157. *car le Pape n'a nulle puissance sur les subiects de Royaume &c.* Nous commancerons donc par trois tesmoings trescertains & irreprochables, la temerité incroiable de ce faux Catholique qui s'efforce de faire nostre Roy tres-Chrestien & tout son Royaume scismatique & heretique. Dont le premier c'est Iesus mesme, en apres les actes des Anciens Pontifes, & finalement nous admenerõs le mesme tesmoignage du Royaume de France, & de la cour de Parlemẽt. Quãd Ies' Christ dit à S. Pierre, *pase oues meas*, en S. Iean 21. ie ne pẽse pas qu'il exepte les Frãçoys. Dõc si les Frãçoys sont du bestail de Iesus Christ, ils doiuent estre repeuz par sainct Pierre. Que si les Françoys, ont de droit diuin saint Pierre pour pasteur, sainct Pierre a cela de droit sur les Françoys, comme le pasteur sur les brebis c'est a sçauoir de les cõtraindre d'aller aux bons pasturages, & non seulement les retenir par sa voix des choses nuisibles: maisaussi pour son pouuir, les battre du bastõ. Mais l'Eglise a tousiours creu que le pasteur sainct Pierre vnioit en son successeur, qui est le Pape & Pontife Romain, & affin que ie passe soubs silence autres infinis & innumerables tesmoignages, & q̃ i'allegue seulement quelque peu de choses des Docteurs Francoys, du premier, moyẽ, & dernier aage, pour toutes opinions. Sainct Irenee martyr, & Euesque de Lion, qui florissoit au premier aage de l'Eglise en son liure contre les heresies, chapitre 3. escrit que S. Pierre l'Apostre a esté le premier Euesque de l'Eglise Romaine, & qu'a sainct Pierre, à succede Linus, a Linus Anacletus, puys Clement, & les autres ont succedé par ordre: Et que pour ceste cause, qu'il faut que toute Eglise conuienne à l'Eglise Romaine, comme la Mere & maistresse. A ceste Eglise, pour la plus puissante principauté, il est necessaire que toute autre Eglise s'accorde & conuienne, c'est adire ceux qui sont fidelles & Catholiques, d'vne part & d'autre. Sainct Prosper d'Aquitaine, hõme certainement tresdocte, & qui a vescu au moyen aage de l'Eglise au liure second de la vocation des Gentils ca. 6. Rome (dit il) a cause de la principauté du sacerdoce, a esté faicte plus ample, que l'arche de la religion, que le trosne de puissance. *Et in lib. de Ingratis.*

Sedes Roma Petri, quæ pastoralis, honoris
Facta caput mundo, quicquid nō possidet armis
Religione tenet.

SAINT Bernard François qui a esté au dernier aage. *in lib. 2. de consideratione*, parle en ceste sorte à Eugenius, *age indagemus adhuc diligentius quis sis, quam geras videlicet pro tempore personam in Ecclesia Dei. Quis es? Sacerdos magnus, summus Pontifex, tu princeps Episcoporum, tu hæres Apostolorū, tu primatu Abel, gubernatu Noe, Patriarchatu Abraham, ordine Melchisedech, dignitate Aarō, auctoritate Moses, iudicatu Samuel, potestate Petrus, vnctione Christus. Tu es, cui claues traditæ, cui oues creditæ sūt. Sunt quidem & alij cœli ianitores, gregúmque pastores, sed tu tanto gloriosius, quanto differentius vtrumque præ cæteris nomen hæreditasti: habent illi sibi assignatos greges, singuli singulos, tibi vniuersi crediti, vni vnus, nec modo omniū: sed & pastorum, tu vnus omnium pastor*, ce sont iusques icy les paroles de sainct Bernard. A quoy nous a semblé bon d'adiouster ce que dit le venerable Hugues de saint Victor, vray François, & homme fort versé aux bõnes lettres, grand amy de sainct Bernard. Il dit doncainsi. *libro* 1. *de off. Ecclesiast. cap.* 43. *Papa dicitur, quia Pater patrum. Hic vniuersalis dicitur, quia vniuersæ præest Ecclesiæ. Hic quoque Apostolicus vocatur, quia principis Apostolorum vice fungitur. Hic etiam summus Pontifex nuncupatur, quia caput est omnium Episcoporum.* A ces quatre Docteurs Frãçois, ie crois, que ne contrediront point, ceux qui desirent estre appellez François en ce Royaume, & n'y a point de doubte; que les Rois tres-Chrestiens de Frãce n'entendẽt librement l'interpretation des paroles de Iesus Christ, de sainct Irenee, Prosper, sainct Bernard, & Hugues de saint Victor, laquelle ils voudroient apprendre, de cest imposteur Apologetique. Mais venons maintenant aux actes des anciens, & voyons, si anciennement le Pontife Romain a eu quelque droit sur les François. Sainct Cyprian *in Epist.* 13. *lib.* 3. escrit en ces mots au Pape Estienne. *Dirigantur in prouinciam, & ad plebem Arelato consistentem à te litteræ, quibus absente Marciano, alius in locum eius substituatur.* Où sainct Cypriã n'auroit pas admonneſté le Pape de depoſer Marcian Eueſque d'Arles, coulpable de pluſieurs crimes, ſi ce n'euſt eſté la couſtume dés ce temps là en l'Egliſe, que les iugemens des Eueſques, & meſmes François euſſent appartenu au Pape. Sainct Leon, en l'Epiſtre 89. qu'il eſcrit aux Eueſques de France. *Nobiſcũ, inquit, veſtra fraternitas recognoſcat, Apoſtolicam ſedem, à veſtræ etiam prouinciæ ſacerdotibus innumeris relationibus eſſe conſultam, & pro diuerſarum appellatione cauſarum, aut retracta, aut confirmata fuiſſe iudicia.* Si le S. ſiege Apoſtolique n'a aucun droit ſur les François, pourquoy eſt-on prouoqué & appellé de Frãce à icelle? Pourquoy eſt ce q̃ par icelle, quelquefois les iugements de France, ſont retactez, cõme par appellations? Sainct Gregoire liure 4. epiſt. 52. eſcrit à tous les Eueſques de France, qu'il auoit commis en ſa charge par la France Virgilius Eueſque d'Arles: & leur commande par expres, que les plus grands cauſes, ſoient renuoyez, au S. ſiege Apoſtolique, pourueu dit il, qu'a nous appartienne d'en determiner, & ſans aucun doubte en donner iugement & ſentẽce legitimemẽt. Parquoy l'on ne peut douter, qu'en ce tẽps la, les François n'ayent recongnu pour leur Iuge & paſteur, le ſouuerain Põtife. Le Pape Zacharie duquel cy apres nous parlerõs plus a plain, quand donc il ordõna de chasser le Roy Childeric, & mettre en son lieu Pepin: certainement il auoit quelque droit en France. De mesmes, quand Nicolas premier excommunia Lothaire Roy de France auec sa concubine Valdrada : Ensemble les Archeuesques de Treues & Colongne, comme escriuent Rheginus liure 2. de ses Chroniques : Othon Frisingensis liure 6. de son Histoire chap. 3. & aussi en ses Chroniques, certainement il monstre qu'il a vn tresgrand droit en France. Paul Æmile escrit de Gregoire 4. liure 3. *de rebus gestis Francorum. Lugduni cõcilium episcoporum, quos Ludouici imperatoris fily contraxerant, habitum imperiumque patri abrogatum. Quod decretum mox a Gregorio pontifice maximo rescisum est.* A cecy faict ce que escript *Marianus Scotus libro tertio Chronici. Rex (inquit Ludouicus reginam Aquis obuiam ei venientem, iubente Papa Gregorio accepit.* Regardes icy lecteur, le Pape auoir eu en ce temps cela droit en Frãce, de rescinder les decrets des Cõciles & restituer l'Empire & la fẽme de Louïs, laquelle luy auoit esté ostee par ses enfans. Quand Adrian 2. pape du nom eut entẽdu que l'Empire de Louys le Ieune estoit esbranlé par les armes de Charles le Chauue, il enuoya incõtinẽt des lettres audit Charles, par lesquelles il commandoit (affin que i'vse des paroles de Æmonius, liure 4. chap. 24.) que nul ne meist en emotion l'Empire de Louys, & que ne s'efforcast de se l'attribuer. Que si quelqu'vn presumoit tant, non seulement il le rendroit infirme par le ministere de son autorité: Mais aussi estant obligé & detenu par les liẽs de l'anatheme, priué du nom Chrestien, seroit du tout placé, & mis és mains de Satã. Qu'est ce que mesme nostre aduersaire raconte en la pag. 165. & 166. que Philippes Auguste, par Celestin 3. Philippes le Bel par Boniface 8. & Louys 12. par Iulles 2. ces trois Roys de France, auoir esté excommuniez par les trois susdits Papes? Quand à ce qui appartient aux actes des Pontifes, personne ne peut doubter, qu'ils n'ayent eu droit en France, aussi bien qu'en aucune partie de la Chrestienté, mais en dernier lieu s'approche le tesmoignage & confession, tant de noz Roys de France, comme des autres Princes, car il n'est icy besoing d'adiouster rien de noz Euesques, veu qu'il n'y a aucuns Euesques Catholiques, qui ne iurent, & promettent vraye obyssance au souuerain Pontife. Parquoy noſtre meſme aduerſaire, en la pag. 187. dit, que les Eccleſiaſtiques de France, ſont ſubjects à la monarchie Pontificale. Ce que toutesfois luy-meſme pourra veoir, comme fort bien cela ſ'accorde, auec ce qui eſt en la page 93. A ſçauoir que le Pape n'a nulle iuriſdiction & congnoiſſance ſur les Eueſques de France, veu que les principaux de tout le Royaume de France, demanderẽt au Pape Zacharie, que leur feuſt permis par ſon authorité de tranſmuer le regne de Childeric, à Pepin, comme eſcriuent Paul Æmile, & pluſieurs autres hiſtoriens, certainement ils confeſſoient appertement, ce que noſtre aduerſaire nie, que le Pape a droit ſur tous les Chreſtiens, & auſſi ſur les François, car autrement pourquoy ne le demandoiẽt-ils à leurs Eueſques? ou pourquoy ne faiſoient-ils ce qu'ils vouloiẽt ſans le Pape? mais au contraire pourquoy attẽdirẽt-ils, qu'il leur fuſt cõmãdé du Pape, cõme eſcrit Reginus lie. 2. & pluſieurs autres? Charlemagne, meſme Roy de France & Empereur a pluſieursfois teſmoigné par pluſieurs & diuers arguments ſon obeiſſance enuers le ſaint ſiege Apoſtolique. Mais maintenãt vn ſeul teſmoignage no' ſuffira, Nous auõs le priuilege dudit Charlemagne qu'il dõna à l'Eglise de Bréme. *Apud Albert. Krãt. lib. 1. Metrop. c. 7. In hæc verba. Sũmi põtifici vniuersalis Papæ Hadriani præcepto, necnõ Moguntinensis episcopi Lullonis, omniumque qui adfuere pontificum consilio, eandem Bremensem Ecclesiam cum omnibus suis appẽdicijs, Vuillehado probabilis vitæ, corã Deo & sanctis eius, commisimus.* Charles le Chauue Roy de Frãce, porta fort griefuement, ce qu'il luy fut commandé par lettres de Henry 2. de cesser de faire la guerre sur les terres de Louys le Ieune, comme escrit Aimoinus chap. 27. de son quatriesme liure, d'autant qu'il l'empeschoit d'accroistre son Royaume: & toutesfois il ne delibera oncques de contemner le mandement du Pape: mais plustost au contraire, il enuoya vn Ambassadeur, auec lettres & presens, pour l'appaiser. Mais quel besoing est-il de chercher les tesmoignages des Rois tres-Chrestiens? veu que en la creation des Papes comme dernierement en la creation de nostre sainct Pere Sixte 5. il appert auoir esté faict: que les Roys de France, & tous les autres Roys Chrestiens par leurs Ambassades, deuant toute l'assemblee, ont porté obeissance au nouueau Pape. Mais d'autant que nostre aduersaire, vante tant le Parlement, & principalement la deffence que feist le Parlement de Paris à Louys 17. touschant la liberté de l'Eglise Gallicane. Il nous a semblé bon icy d'adiouster le tesmoignage de ceste deffence. Nous lisons donc en ceste preface: La Cour à esté d'aduis, de colliger les causes des differends & altercations, auec quelques remédes propres, afin que le Roy tres-Chrestien de France, demeure perpetuellement en l'obeissance, qu'il doibt au saint siege Apostolique, & plus bas, au cha. 19. Deuant toutes choses la Cour proteste, de ne vouloir rien oster ou diminuer de la saincteté, dignité, honneur & autorité du Pape & du sainct siege Apostolique, & que plustost elle est preste de rendre tout honneur, reuerence & obeissance, qu'vn chacũ bon & fidelle Catholique, doibt au souuerain pasteur de l'Eglise, & que si aucune chose s'oublioit, digne d'estre corrigé & amendé, elle ne refuse, de se soubsmettre, au Iugement & determination de l'Eglise Catholique, laquelle ne peut errer *cano. Recta* 14. 9. 1. & ces paroles, & tesmoignage de la Cour, dementent assez appartemẽt nostre aduersaire. Car quelle autre chose debat il en toute son Apologie, que demonstrer par l'authorité des parlemens de France, que le

Pape,

Pape n'a aucun droit sur le roiaume de Frãce, mais n'est-ce pas le Parlemẽt qui afferme par paroles expresses, q̃ les Rois de France, comme aussi tous les autres hommes fideles & bons Catholiques doibuent toute obeyssance au souuerain Pasteur de l'Eglise? Le mesme Parlement ne proteste-il pas appertement de rendre toute obeyssance & reuerence au Pape? Parquoy ceste premiere sentence, que nous auions entreprins de prouuer, l'est maintenant assez; tant par les paroles mesmes de Iesus Christ, tant par l'interpretation des saincts Peres, par les actes des Papes: comme aussi par le tesmoignage mesme, & confession des susdicts Docteurs de nostre France.

CHAP. XX.

OR maintenant ie commençeray à demonstrer, [pour cause de briefueté,] ce que le Prince souuerain de la Hierarchie Ecclesiastique [qui estoit l'autre point,] peult despouiller les Princes Chrestiens de leur iurisdiction, pour certaines causes & raisons. Premierement donc encores que la puissance Ecclesiastique, laquelle principalement reside au souuerain Prestre: & la puissance politique laquelle tient l'Empereur des Romains entre tous les autres, non ſeulement ſont deux puiſſances, & diſtinguees par certains limites, & offices : mais auſſi ſe trouuent quelquesfois ſeparees [car quelquesfois l'Egliſe a eſté ſans Princes politiques, & maintenant auſſi, il y a plusieurs Rois & Princes, qui ſont hors de l'Egliſe] toutesfois quand les Princes ſont Chreſtiens, & qu'ils ſont nombrez entre les enfans de l'Egliſe, ces deux puiſſances ſont tellement conioinctes & liees enſemble, qu'ils ne font pas ſeulemẽt vne republique, vn Royaume, ou vne famille : mais d'auantage, ils font vn meſme corps. Car comme dit l'Apoſtre aux Romains 12. *Vnum corpus ſumus in Chriſto, ſinguli autẽ alter alterius mẽbra.* Car en ce corps myſtique de l'Egliſe, la puiſſance Eccleſiaſtique eſt preſque cõme l'eſprit : & la politique, comme le corps. Comme enſeigne fort bien ſainct Gregoire Nazianzene. *In oratione ad populum timore perculſum, & imperatorem iraſcentem.* Et ne ſe peut remettre en diſpute : veu qu'il appert que la puiſſance Eccleſiaſtique eſt ſpirituelle & celeſte, & la politique, humaine & terreſtre: & d'auantage la fin, & but de l'vne, eſt la beatitude eternelle: & de l'autre, la paix & tranquillité temporelle: l'vne regit, & gouuerne principalement, les ames & les corps: l'autre a sa puissance terminee, sur les corps tant seulement: l'vne conciste, és loix diuines, & oracles celestes : l'autre aux loix ciuiles, & droit des personnes : l'vne finalement a Dieu immediatemēt pour autheur: & l'autre par le droit des gens & consentement du peuple, est asseruie & assubiettie aux Princes. Donc tout ainsi comme les dōs de l'esprit & de la chair sont distinguez, & que mesmes ils sont diuers & separez, és Anges, lesquels n'ont point de corps: & mesmes, és bestes priuees de raison: & toutesfois en l'homme par ce qu'ils font vne mesme hypostase, sont tellemēt conioincts & conuiennent de telle façon, que l'esprit commāde & la chair, est assubiectie; & que l'esprit peult par son droit, contraindre la chair, par veilles, ieusnes, oraisons, & autres exercices spirituels, à ce qu'elle ne l'empesche de faire ses functiōs; voire-mesmes, que pour paruenir à sa fin il puisse cōmāder à la chair, afin de s'exposer & offrir luy mesmes, & tout ce qu'il est encores auec le destrimēt de sa propre vie, comme nous voyons és saincts Martyrs. De mesme façon, en l'Eglise de Iesus Christ, [si elle est à ceste heure, vraiement corps] il y doibt auoir telle conionction & sympathie, de la puissance Ec- *Reduction & similitude.*

clesiastique & politique, & tel ordre entre elles, & telle subjection de l'vne à l'autre: comme és choses, lesquelles sont tres-necessaires à salut: la puissance Ecclesiastique conduit la politique, & luy commande: & si besoing est la contrainct & force, de peur qu'elle ne l'empesche de paruenir à son but. Afin qu'en ceste maniere, le Royaume terrestre soit asseruy, au celeste. Selon l'opiniō de sainct Gregoire, liure 2. Epist. 61. Ce que estant ainsi, le souuerain Prince Ecclesiastique ne fait certainement aucun tort ou iniure au Prince politique, s'il aduertist, & luy commande de bien vser de sa puissance, & de contraindre les meschans & impies blasphemateurs, par loix & peines: de conseruer la foy, & religion Catholique, & de prēdre les armes, à l'encontre des infidelles & aduersaires de l'Eglise. Que si des brebis, il deuient loup, & que ensuiuāt les heretiques & sectaires, il ruyne & destruist la vraye religion, ou que comme mouton furieux, cōtemnat son pasteur il vienne à esgorger les brebis qui luy ont esté commises, ou que comme à la façon du chien languissant & timide, à cause de sa paresse & lascheté de courage, il n'ose deffendre la troupeau de Iesus Christ, de la morsure des loups &

chiens enragez. Pourquoy (ie vous prie) le souuerain Prestre, & Vicaire de Iesus Christ en terre, ne pourra il empescher vn tel loup, & deffendre aux brebis de suiure plus vn tel pasteur? Et luy deffendre de conduire, plus le troupeau: Et finalement de mettre vn chien plus hardy, que cest autre couard en sa place, qui puisse gouuerner & deffendre (comme il faut) le troupeau & bergerie. Parquoy par ceste puissance, le Pōtife Ioiada, osta le Royaume à la Royne Athalie d'autant qu'elle exerçoit la tyrannie sur le peuple, & constitua Roy Ioas: comme nous lisons au 4. liure des Roys chap. 11. & liure 2. du Paralipo. chap. 23. Par ceste puissance Gregoire Pape 2. du nom, non seulement excommunia l'Empereur Leon, qui s'estudioit & plaisoit en l'heresie des Iconoclastes, & s'efforçoit tant qu'il pouuoit de l'introduire en l'Italie: Mais aussi deffendit à toute l'Italie de luy rendre aucun tribut & droit de peage, cōme Cedrenus & Ionatas, en la vie d'iceluy Leon, ont laissé par escrit. Par ceste puissance le Pape Zacharie, transmist le Royaume de Childeric, d'autāt que par sa faineantise la religion enduroit grād ruine & detriment en France, & le mist entre les mains de Pepin, & de ses enfans cōme cy apres nous demonstrerons par plusieurs autoritez & tesmoignages. Par ceste puissance, Leon Pape. 3. restitua par ses Legats Nordas Roy de Hongrie lequel auoit esté iniquement expulsé de son Royaume, & lequel s'estoit refusé à luy, cõme au chef & Prince de tous les Chrestiens, comme escrit. A*imonius lib. 4. de rebus gestis Frãc. cha. 96. & Rheginus, lib. 2. Chron. anno* 808. finalement par ceste mesme puissance, le mesme Leon, transmeist l'Empire des Romains, aux François, par ce q̃ des-ia il auoit aprins par long vsage, que les Grecs, ne pouuoient ou au moins ne vouloit prester secours, à l'Eglise fort trauaillee, & que finalement il estoit merueilleusement à craindre, veuque l'Empereur Constantin, par la fraude des siens, estant aueuglé par vne femme, ce que au parauant n'estoit iamais aduenu, presidoit & regnoit à l'Empire.

CHAP. XXI.

IL nous reste seulement pour le present, de resoudre les obiections, en peu de mots. Et premierement, depuis la page 132. iusques à la page 137. nostre aduersaire n'admeine & profere pas tãt les argumens pour luy, qu'il reprend les paroles, ou les faicts des Papes. Mais ceste reprehension, tout autant y à il de mensonges, qu'il y a de paroles. Premierement il reprend les paroles de Paſchal, lequel eſcript ainſi au cha. *ſignificaſti, de elect: Concilia nullas eccleſiæ Roma. leges præſcribere, cum ab ea potius firmitatem acrobur accipiant*. Et dit noſtre aduerſaire, que les Conciles generaux de Cõſtance: & de Baſle, ont condamné, comme heretique ceſte ſentence, de Paſchal, en la preſence de Ieã 23. & de Eugene 4. Ces trois choſes, ſont purs menſonges. Premieremẽt, que le Cõcile de Conſtance aye condamné ceſte ſẽtence, de la puiſſance du Pape ſur le Concile preſent Iean 23. car il appert que ledict Iean, ſe retira du Concile deuant la troiſieſme ſeſſion: mais que ceſte ſentenee, & opinion aye eſté condamnee en la quatrieſme ſeſſion. Il n'y a apparence aucune veu que le Pape, ny pas vn de ſes Legats n'eſtoit au Concile. Voicy l'autre menſonge, à ſçauoir que la meſme opinion, à eſté condamnee, comme heretique par le Concile de Baſle, y eſtãt preſent Eugene 4. veu que ledit Eugene, n'auroit iamais eſté au Cõcile de Baſle, & en la 33. ſeſſion quãd l'on condamnoit ceſte ſentence & opinion, proprement cõme heretique, non ſeulement le Pape, mais aucuns de ſes Legats n'y eſtoient. Voicy le troiſieſme menſonge, c'eſt que ceſte ſentẽce de Paſchal, de la puiſſance du Pape, par deſſus le Concile, fut condamnee comme heretique, par le Concile de Conſtance: car ce Concile ne definit la choſe abſolument mais ſeulement, en cas de ſchiſme. Mais il eſt treſcertain que les Papes, au temps de ſchiſme, quãd l'on doubte, qui eſt celuy, qui eſt le vray & legitime Pape, ſe ſoubmettent au Concile general. A raiſon de quoy par apres, le Concile de Baſle, voulut definir la choſe, comme verité catholique, comme il appert par la 33. ſeſſion, du meſme Concile: mais de peur, que noſtre aduerſaire, ne ſe plaiſe trop, à l'occaſiõ du decret de ce Cõcile, cecy ne doibt eſtre obmis, que ce decret a eſté faict, par ce Concile (affin que ie parle plus modeſtemẽt) acephale, c'eſt a dire, ſans chef. Et que par ainſi il ne merite du tout aucune autorité entre les catholiques, car c'eſt vne regle treſnotoire & ancienne, que les Cõciles ne peuuẽt eſtre receuz & ratiffiez ſans l'authorité du Pape. Car autrement, ſi le ſeul nombre d'Eueſques faiſoit vn Concile legitime: qu'elle occaſion y auroit il que les Catholiques repudiaſſent le Concile d'Arimin, où y auoit ſix cẽs Eueſques, par ce que le Pape Damaſe ne l'a pas approuué, mais par ce qu'il a biẽ approu

Iul. 1. en l'Epiſ. aux Orient. Socrat. lin. 2. cha. 13. Sozome. li. 3. chap. 9.

ué le Concile de Constantinople, qui n'estoit que de cent cinquante Euesques, tous les catholiques le tiennent & reçoiuent? Vois plusieurs choses sur ceste matiere que nous auons obmises pour cause de briefueté, en l'Epistre que le Pape Nicolas enuoye à Michel l'Empereur, & en l'Epist. de Gelase premier, laquelle est intitulee *de vinculo Anathematis*. Vois d'auantage le decret de ce Concile de Basle, auoir non seulement esté par apres repudié par les Concilies, Florentin & de Lateran: mais aussi par iceluy mesme de Basle, continué à Lansane, auoir esté abrogé & aneanty du temps de Nicolas cinquiesme, quād Amedeus fut creé Pape, par l'autorité du Concile de Basle, n'ayant pas bien obtenu le Pontificat y il renōça. Adiouste en fin que ceste dispute de la comparaison de la puissance du Pape, & des Conciles n'appartient en rien pour aider la cause de nostre aduersaire: car certainement ceux-la mesme qui assubiectissoient le Pape au Concile vniuersel, ceux-là mesmes vouloient qu'il commandast à tous vrais fideles: & mesmes au Rois & Empereurs, auec toute authorité & puissance, comme vicaire & lieutenant general de Iesus Christ. Et

Nicol. 5. en l'abregé sur le Cōcile de Base.

Iean Gerson: Pierre ab Aliaco, & Iaques Alemā, en leurs traictez de la puissāce de l'Eglise.

comme grand & souuerain Pasteur de toute l'Eglise. En apres l'autheur de l'Apologie reprend & s'efforce d'accuser de mensonge, le canon. *Alius* 15. q. 6. Où nous lisons que le dernier Roy de France de la race & famille des Merouingiens, fut demis de son authorité par le Pape Zacharie. *De verité,*
„ *dit-il, c'est à faire au Pape de donner conseil à la*
„ *Noblesse de France: mais non pas mandement,*
„ *comme escrit Guillaume Ocham. in lib. de pote-*
„ *stat. Ecclesiæ.* Mais que cecy soit mensonge manifeste: & que ce fut vn commandemēt donné plainement par Zacharie, tous les anciens historiens le tesmoignent, ausquels il fault plustost croire, qu'à vn Ocham, qui est plus recent, & lequel a controuué plusieurs choses en haine du Pape. Les plus anciennes Chroniques de France, disent, que le Pape Zacharie ayant donné son authorité, commanda de constituer Pepin Roy, & plus bas, suiuant le commandement du Pape Pepin fut appellé Roy. Eginardus, en la vie de Charlemaigne, Pepin dit-il, par l'authorité du Pape, de Maire du Palais fut constitué & ordonné Roy. *Aimonius, libro 4. de gestis Franc. cap.* 61. Le Pape, dit-il, ayant donné son authorité, commanda que Pepin fust esleu & institué Roy. *Reginus lib.* 2.

Chronici, (Zacharias inquit) per Apostolicam auctoritatem, iussit Pipinum *regem creari, & sanctæ vnctionis oleo inungi. Lambertus Schafuaburgensis, in histor. Germanica,* Pipinus *(inquit) decreto Zachariæ* Papæ, *per vnctionem sancti Bonifacij, rex appellatus est.* Sigebert en ses Chroniques, dit que l'an 750. le Prince Pepin fut oinct & cõsacré Roy, par sainct Boniface, de l'authorité du sainct siege Apostolique, & auec l'election de tous les François, & que de rechef, il fut encores consacré Roy par le Pape Estienne l'an 752. *Hermanus Cõtractus*, en ses Chroniques, dit que l'an 752. ayant esté demis & deposé le Roy Hilderic, Pepin par l'authorité du Pape Estienne, fut faict Roy, & regna 15. ans. *Marianus Scotus, libro 3. Chronici Zacharias (inquit)* Papa *ex auctoritate sancti* Petri *Apostoli mandat populo Francorum, vt* Pipinus *qui potestate regia vtebatur, etiã nominis dignitate frueretur.* Ainsi ce Hilderic qui commandoit le dernier de la race des Merouingiens, fut deposé, & enfermé en vn monastere. Conrard. Abbé de Vrspergense, en ses Chroniques, l'an (dit-il) 750. Pepin par l'authorité du Pape Zacharie, esleu au Royaume, selon la coustume des François, fut esleué au throsne Royal par les mains de saint Boniface ; & plus bas. Estienne Pape confirma Pepin en l'honneur & dignité Royalle par la sacree Onction. *Otho Frisingensis, lib. 5. hist. c. 22.* Par l'authorité (dit-il) du Pape Zacharie, Pepin fut esleu, au Royaume. *Albertus Krantius. lib. 1. Metropolis. cap. 14. meritò (inquit) summus Pontifex, & Rex Gallorum, mutuis se attollunt fauoribus, quando ab initio, hæc sedes, domui Caroli hoc præstitit, ut regiam haberet dignitatem.*

En troisiesme lieu, il reprend les paroles du Pape Nicolas 3. qui sont escrites, au ch.
» *Fundamentum de elect. in 6. declarauit (inquit)*
» *sanctæ sedis esse iurisdictionem urbis, cæteris o-*
» *mnibus exclusis, non ex donatione Constantini,*
» *sed ex his verbis, In omnem terram exiuit sonus*
» *eorum, & aliis, quæ interpretatur iudicio suo.*
Qui est-ce, qui croira ce Iurisconsulte estre Catholique, tel que se vante cestuy-cy, tellement auoir esté ignorant, ou meschant, que mesmes il n'auroit iamais leu, ou bien auroit voulu deprauer par mẽsonges manifestes les Canons qu'il met en auant, & dõt il se veult preualoir? Car ces paroles, *in omnẽ terram exiuit sonus eorum*, ne sont pas produicts par le Pape Nicolas, pour prouuer que la iurisdictiõ des villes, appartienne au Pape : mais afin que nous entendions, que

la predication des Apostres a esté generale, mais qu'en ceste charge de prescher l'Euãgile, le principal commandement en a esté dõné à sainct Pierre Prince des Apostres. Toute laquelle dispute, Nicolas a disputé mot à mot, & tiree de l'Epistre 89. de sainct Leon, qu'il escrit aux Euesques, establis par la prouince de Vienne. Parquoy, quãd nostre aduersaire debat, que ce lieu, (*in omnem terram, &c.*) à esté faulsement interpreté par le Pape Nicolas, il ne reprend pas tant iceluy Nicolas, que sainct Leon Pape, tresdocte & homme de bien. Mais quand à ce qui appartient à la donation de Constantin, nostre aduersaire mant tresappertemẽt: car les mesmes paroles dudit Nicolas, en ce mesme chapitre, auquel iceluy aduersaire nie, que le Pape s'appuie sur la donation de Constantin. Le quatriesme iour de son Baptesme, Constantin, ensemble auec tous les Satrapes, & tout le Senat, declara aux plus apparẽs, & au peuple mesme, en la personne de sainct Syluestre, luy concedant la ville de Rome, & la luy laissant & à ses successeurs, par constitution pragmatique, ordonnant qu'en icelle ville, la monarchie des deux puissances appartiendra aux Papes Romains.

CHAP. XXII.

MAIS obmettant tous ces mensonges, venons maintenãt aux arguments serieux. Premierement donc en la pag.137.il admene contre nous, vn tesmoignage, de Innocent 3.lequel escript au chapit. *Nouit de Iudic.* Dit nostre aduersaire, qu'il ne veut rien entreprendre, contre la supréme puissance & maiesté des Roys de France, & au chap. *per venerabilis qui filij sint legit.* Il cõfesse, que personne n'est recogneu superieur au Roy de France, quand est du temporel & administration de son Royaume: mais en premier lieu cela est faux, qu'il dit en son argument, à sçauoir que Innocent affirma, qu'il ne vouloit entreprendre aucune chose cõtre la Majesté supréme, des Roys de Frãce, car iamais cela ne s'est trouuéen toute ceste Epistre: Mais seulement, qu'il ne vouloit perturber, n'y empescher & diminuer, la iurisdiction & puissance du Roy. Et que le Roy, estoit souuerain Seigneur, temporel en son Royaume, lesquelles deux choses, que nous auons dittes du 20. chap. se peuuent facilement entendre. Car dit fort biẽ le Pape, que le Roy de Frãce, ne recognoist point de superieur tẽporel: par ce qu'il n'y à aucun Prince tẽporel, soit Roy, soit Empereur, auquel le Roy de Frãce ſoit ſubiect: Mais que le ſuperieur ſpirituel c'eſt à dire le Pape, cõmande tellement à tous les Roys & au Roy de France pareillement, que directement il Iuge les cauſes ſpirituelles: & que par conſequent il peut adminiſtrer le temporel. Lors qu'ils empeſchent, le cours des choſes ſpirituelles, non ſeulement le Pape en tous ces lieux ne le nye pas, mais au contraire, tant luy que tous les autres, l'ont enſeigné, par faicts & paroles: & affin de nous eſloigner le Pape ne ſe dit il pas eſtre Iuge (en ce meſme chapit. *Nouit.*) Entre le Roy de France, & celuy d'Angleterre; Son legat ne commande il pas, que s'il ne reforme la paix ſolide auec l'Anglois ou qu'il ne face treſues competentes, qu'il n'obmette, de proceder a l'encõtre de luy, ſelon la forme, qui luy en à eſte baillee? Son Epiſtre qu'il Eſprit aux Prelats de France, ne cõclud elle pas en ces mots: *Ideoque vniuerſis vobis, per Apoſtolicam ſedem, mandamus, & in virtute obedientiæ, præcipimus quatenus poſtquam idem Abbas, ſuper hoc fuerit mandatum Apoſtolicum exequutus, ſententiam eius, immo noſtram verius recipiatis humiliter, & faciatis ab alijs obſeruari, pro certo ſcituri quod ſi ſecus egeritis, inobedientiam veſtram grauiter puniemus*? Parquoy ce que nostre aduersaire à mis en son argument, n'est pas vray, que le Pape Innocent aye Escript, qu'il ne vouloit rien attester contre la Maiesté du Roy de France. Car non seulement nous trouuons cela en son Epistre, que plustost il repugne du tout a ladicte Epistre. Et est encores moins vray, ce que nostre aduersaire cy dessus, non vnefois il a affermé, & dict, que le Pape n'auoit aucune iurisdiction, ny congnoissance sur les Euesques & Princes de France. Car des-ia nous auons ouy tout le contraire par ceste Epistre, que nostre dict aduersaire admenoit pour luy.

Chap. XXIII.

Secondement ceste Apologie obiecte l'extrauagante de Clement, 5. laquelle commence ainsi, *Meruit, de priuil.* Clement dit il voulant appaiser le Roy Philippe le Bel, que l'insolēce de Boniface 8. auoit prouocqué, mist au neant sa declaration faicte contre le Royaume de France, & prouua par ceste constitutiō que ce Royaume n'estoit point subiect à son siege. Voicy ce que dict nostre Apologetique. Mais n'est ce pas mentir euidemment & agir non par argumens, mais par impostures? Car, où est faicte aucune mention, en ceste extrauagante de rede reuocation & aneantissement? Où est la preuue, que le Royaume de France ne soit point subiect au sainct siege Apostolique? Mais entendons vn peu les paroles mesmes de Clement. *Nos (inquit) regi & regno, per definitionem & declarationem bo. memo Bonifacij Papæ. 8. prædecessoris nostri, quæ incipit, Vnã sanctam: nullum volumus, vel intẽdimus præiudicium generari, nec quod per illam Rex, regnum, & regnicolæ prælibati amplius Ecclesiæ sunt subiecti Romanæ, quam antea existebant: Sed intelligantur in eodem esse statu, quo erant ante definitionem præfatam, tam quantum ad Ecclesiam, quam etiam ad regem, regnũ & regnicolas, superius nominatos.* Icy certainement Clement nous enseigne, que de la declaratiõ de Boniface, aucun preiudice se peut engendrer, au Roy de France, & que n'y pour ceste declaration; il ne peut plus estre subiect au sainct siege, qu'il estoit auparauant icelle. Car certainement Boniface ne parle en ceste constitutiõ ny du Roy de Frãce: ou aucun autre Prince, & n'ordõne rien de nouueau: Mais declare & annõce, les paroles de l'Euangile & la foy Catholique de l'vnité de l'Eglise, parquoy il n'assubiectit pas d'auantage, au sainct siege Apostolique, les Roys Chrestiens, ny les peuples, qu'ils n'eſtoient au parauant ſubjets, par droit diuin. Mais par ce que quelques-vns, à raiſon des diſſenſions, qui eſtoient entre le Pape Boniface, & le Roy Philippes, vouloient (par vne ſiniſtre interpretation) que la conſtitution dudit Boniface ſemblaſt eſtre veuë preiudiciable au Royaume de France. Le Pape Clement, par vn prudent conſeil, aduertit & expliqua, que par ceſte conſtitutiõ & ordonnance, laquelle contenoit l'anciẽne confeſſion de foy, icelle declaration ne pouuoir faire aucun preiudice au Roy, ou au Royaume de France. Mais ie ne puis aſſez comprendre, pourquoy noſtre aduerſaire, peuſt iuger ceſte conſtitution de Boniface, inſolente & ſuperbe. Car de dire que il n'y a qu'vne Egliſe, ce qui eſt le premier chef & principal de ſa conſtitution, nous l'auons tiré & extrait des ſainctes Eſcritures dans le Symbole de Conſtantinople. Que d'vne ſeule Egliſe, il n'y boibt auoir qu'vn Paſteur & Recteur, ce que Boniface met en ſa conſtitution, l'vnité meſmes du corps, de l'edifice, de la nauire, de la bergerie, finablemẽt de l'eſpouſe de Ieſus Chriſt, qui ſont noms de l'Egliſe Catholique, ledit Boniface le demonſtre aſſez appertement. Nous apprenons de l'Euãgile comme auſſi que ce ſeul Recteur l'Apoſtre ſainct Pierre, nous auons demõſtré cy deſſus, & ſes ſucceſſeurs doibuent eſtre entendus; ce qui eſt mis en troiſieſme lieu, en ceſte conſtitutiõ. Que tous les hommes, encores qu'ils ſoiét Rois ou Empereurs doibuent obeïr au Pape, & que cela leur eſt neceſſaire pour obtenir ſalut: & cecy eſt le dernier point de ceſte conſtitution, cecy eſt fondé ſur ce fondement treſcertain: à ſçauoir, que tous les hommes, qui deſirent eſtre ſauuez, doibuét eſtre adioincts aux brebis de Ieſus Chriſt, mais que Ieſus Chriſt a aſſubiecty & ſoubzmis ſes brebis au Paſteur ſainct Pierre, & à tous ſes ſucceſſeurs. Quand à ce qui eſt inſeré en ceſte conſtitution, des deux glaiues qui ſont en l'Egliſe: cecy eſt preſque tiré de mot à mot des liures de ſainct Bernard. Parquoy perſonne ne peult diffamer la cõſtitution de Boniface, comme inſolente, qui n'en face de meſmes de l'opiniõ & ſentence de ſainct Bernard, laquelle toutesfois tous iugent eſtre tres-modeſte & tres-veritable. Et voicy les paroles d'iceluy S. Bernard. *In libro 4. de conſideratione ad Eugenium Papã*, leſquelles Boniface a du tout imité. *Quid tu denuo vſurpare gladium tentes, quem ſemel iuſſus es ponere in vaginam? quem tamen qui tuum negat, non satis mihi videtur attendere verbum Domini dicentis sic, conuerte gladium tuum in vaginam. Tuus ergo & ipse, tuo forsitan nutu, & si non tua manu euaginandus alioqui si nullo modo ad te pertinet, & is dicentibus Apostolis, ecce duo gladij hic, non respondisset Dominus, satis est: sed, minus est. Vterque ergo Ecclesiæ & spiritualis scilicet gladius, & materialis: sed is quidem pro Ecclesia, ille vero & ab Ecclesia exercēdus ille, sacerdotis, is militis manu, sed sane ad nutum sacerdotis, & iussum Imperatoris.*

Chap. XXIIII.

Tiercement obiecte nostre aduersaire, que la congnoissance du crime d'heresie, & la iurisdiction sur les heretiques a esté de tout temps permise au Magistrat politique, & qu'elle luy appartient à bon droit, & non pas aux Prestres. Et le prouue par ceste raison, laquelle ie mettray par ses mesmes paroles, de peur que ne soyōs veuz
„ obmettre quelque chose. *Car (dit-il) il fault*
„ *necessairement considerer la loy de Dieu, & pre-*
„ *mieremēt en ce siecle, ou tous sont cōtraincts d'o-*
„ *beir au magistrat politique, & tēporel, au Iuge de*
„ *la societé humaine, & police terrestre, pour de-*
„ *stourner les confusions & debats. Et secondemēt*
„ *en l'autre monde, ou Dieu seul iuge & punit, &*
„ *pour son respect, il n'a donné nul Magistrat en ce*

monde, qui peust vẽger l'iniure qui luy est faicte, par la transgreßion de ses commandemens. Car les Prestres, les gardes & pedagogues de la loy diuine, ne sont pas donnez pour Iuges, mais seulemẽt, comme doux medecins des ames: Et les commandemens de Dieu ne sont pas sanctions, commandans les supplices, mais seulement des admonitiõs & enseignemens amiables, autrement si nous estions contraincts par le glaiue à l'obseruãce de la loy diuine, nostre merite seroit trespetit; iceluy dit ces choses: & adiouste par apres quelques tesmoignages des sainctes Escritures & saincts Peres lesquelles nous traicterons en leur lieu. Mais quels meschans erreurs, & quels monstres ceste obiection engẽdre en la religion Chrestienne, ie croys qu'il n'y a homme tant priué de iugement qu'il soit, qui ne veoie que nostre Apologetique soit seulement heretique: mais qu'il doibt estre appellé Heresiarche & auteur de nouuelle heresie: sinon que paraduanture celuy qui a escrit ces choses, comme sainct Hierosme parle de Iouinian & Vigilance, feust malade de mal phrenetique. Mais respondons briefuement à chacune des choses dessusdictes. Donc quand à ce qui appartient à la cognoissance du crime d'heresie: certainement il appartient au Magistrat &

iuge politique, de prẽdre garde & punir seuerement les heretiques iugez & condamnez par l'Eglise Catholique, & de pouuoir iuger si quelqu'vn est heretique ou nõ, qui est celuy qui estime plustost cela appartenir au Magistrat politique, qu'a l'Eglise Catholiq̃, certãmẽt il est necessaire qu'il ne sçache du tout riẽ, ou qu'il n'aye iamais riẽ leu, des choses Ecclesiastiques. Ceste voix & parole de S. Athan. est trescõgnue en l'epistre qu'il Escript. *Ad vitam solitariam agẽtes.* de l'Empereur Constance qui s'efforçoit de s'attribuer le iugemẽt des causes de la foy. Quãd est ce que l'on a ouy, depuys le commencement du monde, que le iugemẽt de l'Eglise, aye prins son autorité de l'Empereur, ou quand est ce que iamais cecy a esté recongnu pour iugement ? Par cy deuant il y a eu plusieurs Sinodes & assẽblees, il y a eu plusieurs iugemens de l'Eglise: Mais iamais les Peres ne se sont mis en effect, de persuader, ces choses aux Princes, n'y iamais le Prince ne s'est monstré curieux es choses Ecclesiastiques. Qui est celuy, lequel voyant, nostre aduersaire en decernant, se faire Prince des Euesques, & presider és iugements Ecclesiastiques, qu'il ne die à bon droit qu'il est, ceste mesme abomination de desolation, qui est preditte par Daniel le Prophete? Et n'est dissemblable ce que sainct Martin dist publiquement, & deuant tous à l'Empereur Maxime voulant cõgnoistre de l'heresie de Priscilian. *Sulpitius, in secundo lib. sacræ historiæ, nouum & inauditum esse nefas, quod causam Ecclesiæ, iudex seculi iudicaret.* Ausquelles choses est adoiusté, le troisiesme tesmoing saint Ambroise, *vt in ore duorum vel trium testium stet omne verbum:* Donc iceluy saint Ambroise dit ainsi, in Epist. 32. *ad Valentinianũ iuniorẽ. At certe si vel scripturarum seriem diuinarum, vel vetera tempora retractemus, quis abnuat in causa fidei, in causa, (inquam) fidei Episcopos solere de imperatoribus Christianis, non imperatores de Episcopis, iudicare? Eris Deo fauente, etiam sententiis maturitate prouectior, & tunc de hoc censebis, qualis Episcopus sit, qui laicis ius sacerdotale substernit. Pater tuus vir maturioris æui dicebat, nõ est meum iudicare inter Episcopos. Tua nunc dicit clemẽtia: Ego debeo iudicare.* Et plus bas, s'il faut conferer de la foy, ceste collation doibt estre aux Prestres comme il fut faict soubs Constantin, Prince de bonne memoire, qui ne mist oncques aucune loy en auant: mais donna plain & libre iugement aux Prestres. Conferons vn peu, s'il vous plaist, les paroles de noſtre Apologetique, auec celles de ces trois grands & ſages perſonnages. Il dit que la congnoiſſance, du crime d'hereſie a eſté de tout temps permiſe au iuge & magiſtrat politique, & qu'elle luy appartient à tresbő droit. Ces Peres affirment le contraire cő-ſtamment, & diſent que iamais & de tout temps, cela n'a eſté aucunement permis, & eſt vne impieté, & meſchanceté nouuelle, & inouye, & qui repugne à l'authorité des Eſcritures, & à la couſtume des temps. Qui eſt ce, qui doubte, que l'on ne doibue pluſtoſt, adminiſter foy à ces grands perſonnages, & pilliers de l'Egliſe qu'a vn ie ne ſçay lequel du tout ne ſçait, ne ce qu'il dit, ny ce dont il parle. Mais diſcutons vn peu ſa raiſon. Il prend la loy de Dieu, comme elle regarde, la paix & tranquillité de ce monde, ſi quelqu'vn tranſgreſſe, qu'il doit eſtre puny par le Magiſtrat politique, il prend ceſte meſme Loy, comme de l'honneur diuin, & commãde de ne violer l'amitie auec Dieu, ſi quelqu'vn ne la garde, qu'iceluy doit eſtre Iugé du ſeul Dieu en l'autre ſiecle, & qu'il n'y a aucun Magiſtrat ny Iuge en terre, qui doibue cőgnoiſtre de ces crimes, mais qui eſt ce qui ne voit, que ce pernicieux enſeignement, repugne effrontémẽt aux Eſcriptures sainctes contre le droit diuin & humain, & contre la raison manifeste & tresuidente? Dieu le Createur en l'ancienne loy, ne commandoit il pas que les blasphemateurs, sacrileges, Idolatres, feussent condamnez & tuez par la sentence des iuges? Iesus Christ mesme ne chassa il pas hors du temple, auec vn foüet fait de cordes, tous ceux qui faisoient iniure à Dieu, lesquels d'vn lieu d'Oraison en faisoient vn marché & lieu de negotiation & traffiq? Tous les Conciles, & canons des Papes, & aussi les loix mesmes des Empereurs, sont elles pas plaines de peines & supplices, contre ceux lesquels sont sacrileges enuers Dieu, par fait ou par parole? *Qui est celuy*, dit saint Augustin *in Epist.* 50. *ad Bonifacium qui mente sobrius, regibus dicat, nolite curare in regno vestro, à quo teneatur vel oppugnetur Ecclesia domini vestri: non ad vos pertineat in regno vestro quis velit esse religiosus, siue sacrilegus, quibus non potest dici, non ad vos pertineat in regno vestro quis velit esse pudicus, quis impudicus*? Mais plusieurs choses ont esté assez dittes sur ceste matiere cy dessus au chap. 17. Mais ce que nostre aduersaire adiouste, que les Prestres n'ont pas esté donnez de Dieu pour Iuges, mais doux Medecins des Ames, contrarie premierement à l'Apostre, qui dit de luy mesme. *Quid vultis in virga veniam ad vos, an in spiritu mansuetudinis?* 1. *Corint.* 4. auquel lieu saint Augustin *lib.* 3. *contra epist. Parmeniani cap.* 1. Entend par ceste verge la puissance iudiciaire. Et à cecy ne contreuient point Saint Chrysostome, ny tous ceux qui ont interpreté ce lieu. De rechef le mesme: *Prædico (inquit) vobis quoniam si venero, iterum nõ parcam.* Et vn peu plus bas, *vt non durius agã secundum potestatem, quam dedit mihi Dominus* 2. *Corinth.* 13. Et en autre lieu contre l'accusation des Prestres. *Noli recipere, nisi sub duobus aut tribus testibus.* 1. *Timoth.* 5. Ou appertement enseigne l'Apostre, que les Papes ou leurs sieges & throsnes, à la maniere des Iuges, pour pouuoir entendre les accusateurs & criminels, & donner sentence & iugement, selon ce qui est allegué, & prouué. *De la, voicy la voix de sainct Gregoire de Nazianzene. In oratione ad populum timore perculsum, & principem irascentem. Nam vocem suscipitis liberam, & quod lex Christi vos principes, meæ potestati, meóque subiecit tribunali. Imperamus enim & ipsi, addo imperio maiori & perfectiori.* Et celle de sainct Iean Chrysostome, *homil.* 83. *in Matth. ad suos diaconos. Si dux quispiam, si consul, si ipse denique qui diade-*

mate ornatur, indigne adeat, cohibe, & coerce: maiorem tu illo habes poteſtatem. Que ſi les Eueſques & Diacres, par le teſmoignage de ſi grands perſonnages, peuuent contraindre par leur puiſſance & authorité, les Rois meſmes & Empereurs és choſes qui touchent à l'honneur de Dieu, a combien plus forte raiſon le pourra faire le Prince ſouuerain de l'Egliſe, & chef de tous les Eueſques? Mais que dirons nous maintenant de ceſte ſentence, laquelle incontinent apres noſtre aduerſaire adiouſte, à ſçauoir que les diuins commandemens, ne ſont pas ſanctions ny ordonnances, qui commandent les ſupplices, mais pluſtoſt des aduertiſſemens & enſeignemens treſdoux & amiables? y a-il choſe plus repugnante a toutes les diuines & ſainctes Eſcritures? Car qu'eſt ce autre choſe, que nier appertement qu'il n'y a nulle loy, de vray nom de loy, donnee de Dieu? Et que l'on peult violer ſans aucune coulpe, tout ce que iamais Dieu a commandé? Car il ne peult auoir peché, ou ſeulement ſont violez les enſeignemens & admonitions, mais non pas, ou ſont violez les loix aiāt vray nom de loix. Où il n'y a point de loy [ce dit l'Apoſtre aux Romains 4.] il n'y a point auſſi de preuarication. Et de mesmes vn autre Apostre. *Omnis qui facit peccatum, & iniquitatem facit, & peccatum est iniquitas.* 1. *Ioann.* 3. ou la diction Grecque ἀνομία laquelle l'interprete tourne iniquité, signifie proprement preuarication de la loy, afin que nous entendions, (ayant pour autheur sainct Iean) que tout homme qui peche, preuarique & transgresse la loy, & qu'il n'y a aucun peché, où il n'y a point de preuarication de loy. Admettons nous donc que l'idolatrie, le pariure, l'homicide, l'adultere, le larrecin, les faux tesmoignages, & tous les autres genres de pechez, lesquels sont deffendus par la loy de Dieu, ne soient point pechez. A sçauoir-mon, si plustost nous cōfesserons que tout ce que resue nostre aduersaire, que les commandemens de Dieu soient de vrayes loix & ordonnances, commandans les supplices, & non pas estre purs & apperts enseignemens & aduertissemens. Quoy? ce qu'au vieil Testament Dieu presque par tout adiouste à ses loix des peines tresseueres. Et que Iesus

Ioann. 3. Christ au nouueau baptesme dit, *Nisi quis*
Matth. 5. *renatus fuerit ex aqua & spiritu, non intrabit in regnum cœlorum: & qui dixerit fratri suo fatue, reus erit gehennæ ignis, & qui soluerit vnum de mandatis istis minimis, minimus vocabitur in re-*

gno cœlorum: Et les Apoſtres au Concile Hieroſolymitain, ne teſmoignent-ils pas auoir enchargé le fardeau de quelque vraie loy: & non pas ſeulement de ſimples admonitions & enſeignemens? Quand ils diſent ainſi: *Viſum eſt ſpiritui ſanctó & nobis nihil vltra imponere vobis oneris, quam hæc neceſſaria?* Et finalement, tous les Conciles, ne cõioingnent ils pas ſouuentesfois à leurs Canons, la peine d'anathéme, & excommunie? Mais ceſte raiſon eſt du tout excellente, pour laquelle noſtre auroit Iugé & eſtimé, que les loix de Dieu, ſont ſeulement, aduertiſſemẽs & enſeignemens: Et non pas ſanctions ny ordonnances qui commandent les ſupplices. Car autrememt (dit il) ſi nous eſtions contrains le glaiue, a l'obſeruation de la loy diuine, noſtre merite ſeroit treſpetit, comme ſi la liberte, qui eſt requiſe au merite, repugnoit pluſtoſt a la contraincte externe, qu'a l'interne, & neceſſité naturelle, veu que la loy, ou le Iuge menaſſant de ſupplice, pourroit pluſtoſt contraindre les membres du corps, que la volõté. Parquoy touſiours la volonté humaine, par l'ayde de Dieu preuenante, & accompagnante, peut vouloir accomplir la loy, pour l'amour de la Iuſtice, & meriter la gloire, enuers Dieu: Elle peut *Act. 15.*

aussi de sa franche liberté la vouloir violer, ou certainement ne l'accomplir, & prouoquer contre soy l'ire de Dieu. Certainemēt no⁹ sōmes cōtraints par le glaiue d'obseruer plusieurs loix de Dieu le Createur disant l'Apostre aux Romains 13. *si male egeris time* car nō sans cause celuy la porte le glaiue, & toutefois ceux qui obseruent ses loix, Iesus Christ appertement a declaré qu'ils meritent la vie eternelle, quand il dit, *si vis ad vitam ingredi, serua mandata, Mat*. 19. Et finalement pourquoy est ce que les loix ont ordonné, la peine & la recompense, si a bon droit il n'y auoit lieu en l'accomplissement de ceste loy, de la preuarication de laquelle, la peine deterre & empesche? Parquoy la loy qui commande le supplice, & la peine & le Iuge armé contre les pecheurs & preuaricateurs, n'ēpesche point le merite: Mais trop bien deterre, & faict auoir crainte de preuaricquer.

Chap. XXV.

Adiouste incontinent & suiuammēt apres, nostre aduersaire, que les tesmoignages de l'escripture & des peres, lesquels a quelle fin ils tendent & appartiennent, ie croys & pense que a grand peine, les entēd celuy qui les a proposez & mis en auant.

Premierement il allegue cecy de l'Apostre a la 2. des Rom. 1. *Non quia dominamur fidei vestræ, sed adiutores sumus gaudij vestri*: Ie confesse que l'Apostre n'a pas esté seigneur & dominateur des Corinthiens, a cause de la foy. Car nous n'auõs tous qu'vn Seigneur, qui nous a creés & rachaptez. Mais toutesfois personne ne pourra nier qu'il ne soit superieur & pasteur, & qu'il ne puisse punir les preuaricateurs au moins, qui aura leu ce lieu de l'Apostre aux Hebrieux 13. *Obedite Præpositis vestris, & subiacete eis & cæt.* Et cestuy-cy de la premiere aux Corinth. 11. *Laudo vos, quod præcepta mea tenetis*. Et a la 2. des Corinth. 10. *in promptu habentes vlcisci omnẽ inobedientiam*. Secondement il adiouste cestuy-cy de la 2. à Timoth. 3. *Omnis scriptura diuinitus inspirata vtilis est ad docendum, ad arguendum, ad corripiendum in iustitia*. Mais nostre aduersaire n'adiouste pas, *ad cogendum & puniendum*. Mais il a tiré ceste addition niante, non pas de l'Apostre, mais de son cerueau mal rabbotté & mal sain. Car l'Apostre, n'a-il pas enseigné appertemẽt, que les Pasteurs, selon les S. Escritures, peuuẽt cõtraindre les oüailles & brebis d'aller aux bons pasturages, & leur deffendre les meschans & ce qui leur est dommageable, quand il dit. *Quid vultis? In virga veniam ad vos*, en la premiere des Corinth. 4. *Et, vt nō durius agam, secundum potestatem, quam dedit mihi Dominus.* 2. *Corint.* 13. Et ce que vn peu au parauant nous auons cité: *In promptu habentes vlcisci omnem inobedientiam.* 2. *Corinth.* 10. En troisiesme lieu il admene le tesmoignage de sainct Iean Chrysostome, lequel en ses Dialogues du sacerdoce, separe la puissance Royalle, du ministere de l'Euangile disant. *Ministerium esse munus commissum à Deo, vt sine armis doceatur homo, non autem esse potestatem dandi, aut adiuuandi regna, aut siscendi leges ad reipub. administrationem.* Mais sainct Chrysostome en ce lieu ne nie pas que les Papes puissent donner ou oster les Roiaumes, le cas y escheant: mais seulemēt il dispute de la difficulté qu'endurent les Euesques en gardant leurs troupeaux & brebis, & dit les Pasteurs des brebis irraisonnables, ausquelles seulement il fault guarir les maladies du corps, peuuent facilement guarir leurs brebis & moutons encoresque ils ne le voulussent endurer: veu que c'est à eux promptemēt de les lier, enfermer, deschirer, & brusler: Et que les Iuges aussi du siecle, qui gouuernent seulement les actiōs externes du peuple, le peuuent facilement contraindre,

contraindre par liens, par prisons, & par le glaiue mesme à garder la trãquillité & paix externe: mais à l'Euesque duquel le propre est de guarir les vices des ames, luy a esté baillee vne charge tresdifficile, veu que personne ne peult estre guari de ses pechez, si luy-mesme ne le veult, & veu mesmes que les hommes ne peuuent estre contraints à la vertu. Mais que sainct Chrysostome n'a point esté de ceste opinion, que l'Euesque ne puisse contraindre à sa volonté. Le mesme sainct Chrysostome le tesmoigne en l'homilie 70. au peuple d'Antioche, ou prohibant que personne n'eust a appeller à soy les femmes qui auoiẽt accoustumé de plorer pour les morts parle en ceste sorte. *Ne cogam inquit eas vera & propria mala deflere*, & plus bas. *Si vero quod absit, contempti fuerimus, minas ad rem deducere cogemur, vos quidẽ Ecclesiasticis castigantes legibus, illas vero, sicut eis conuenit.* Et en homil. 83. sur sainct Matthieu comme nous auons dit cy dessus, il aduertist les diacres, de reprendre & contraindre de toute leur puissance, ceux qui venoient indignement à la saincte Eucharistie, encores qu'ils fussent Ducs, Consuls ou Empereurs. Quand donc sainct Iean Chrysostome escrit en son second liure du

Sacerdoce, que par les ſeules perſuaſiõs des Eueſques, & non par force & puiſſance l'on peult agir auec les brebis, il parle comme nous auons dit de la conuerſion & cure interieure des ames, & non pas de reprendre la meſchanceté exterieure. En quatrieſme lieu il adiouſte l'authorité de ſainct Hilaire, lequel eſcrit au liure qu'il a faict contre Conſtance, & Auxence, que les hommes ne doiuent point eſtre contraincts à la foy par les peines corporelles, & reprend grieſuement les Arriens, de ce qu'ils ſ'efforçoiẽt d'attirer les Catholiques, par exils & priſons, à l'hereſie Arrienne. Mais la ſolution en eſt fort facile, il eſt tres-vray, que perſonne ne doibt eſtre contraint à la foy. Et auſſi l'Egliſe n'enſeigne pas, que l'on puiſſe contraindre les Iuifs & Payẽs à noſtre foy, laquelle ſeule eſt la vraye foy; par armes & terreurs. Mais l'Egliſe par ſon droit peult contraindre les heretiques, non pas de prẽdre la foy, mais afin qu'ils demeurent en la foy, laquelle ils ont autresfois tenue. Et auſſi ſainct Hilaire n'ignoroit pas auoir eſté impetré par Conſtance le Grand, du Concile de Nice, que Arrius feuſt enuoyé en exil. Mais les Arriens ſont à bon droit reprins par S. Hilaire, de ce qu'ils trainoient par force les pauures Catholiques à leur impieté, veu que les Arriens n'auoient aucun droit sur les Catholiques: mais au contraire, les Catholiques sur les Arriens. Car les Catholiques ne s'estoient pas auparauant retirez des Arriens, mais trop bien se seroient reuoltez & retirez les Arriẽs d'auec les Catholiques.

En cinquiesme lieu il retourne aux escriptures, & cite ce lieu de l'Euangile. *Reges gentium dominantur eis, sed non ita vobis futurum est Math. 20. & Lucæ. 22.* Mais qui est celuy d'entre nous qui aye iamais enseigné, & dit, que les Euesques doiuent dominer sur les peuples? Car nous les disons Peres, Prelats, Pasteurs, & non pas Seigneurs, cõbiẽ qu'en ce lieu Iesus Christ ne semble pas tant auoir reprins la dominatiõ & seigneurie, que la superbe & tyrannie, veu qu'incõtinent il auroit adiousté, *sicut filius hominis non venit ministrari, sed ministrare:* Ou quand il auroit reprins la maniere de se gouuerner des Ethniques, il propose la forme de son regime, leq̃l veu qu'il estoit le vray Seignr & maistre cõme luy mesme dit en S, Ieã 13. Il estoit toutesfois tellemẽt hũble, qu'il sẽbloit plustost estre venu pour seruir, que estre serui. En sixiesme lieu il adiouste l'exemple de

Iesus Christ, lequel en saint Iean 6. s'enfuit à la Montaigne, de peur d'estre esleu Roy, & en saint Iean 18. il afferma que son Royaume n'estoit point de ce monde icy, & en saint Luc. 12. Ne voulut pas estre le Iuge du debat d'entre les freres. Et en saint Math. 17. paya tribut, pour luy, & pour saint Pierre. Et en sainct Iean 13. il commanda à ses Apostres, d'ensuiure & imiter son exemple, ce qu'ils feirent, l'Apostre disant. *Nemo militans Deo, implicat se negotiis secularibus* 2. *Timoth*. 2. Mais à qu'elle fin toutes ces choses? Iesus Christ, ne voulut point de Royaume temporel en ce mõde, par ce qu'il auoit esté constitué & ordõné Roy eternel, par Dieu son Pere, sur sa saincte montaigne & auoit prins les peuples & les gens pour son heritage: & les bornes & confins de la terre, pour sa possession, au Psal. 2. Ainsi aussi il a commis & enchargé aux Apostres & leurs successeurs, non pas quelque Royaume terrien: mais la prelature Ecclesiastique, auec tresgrande autorité & puissance, & combiẽ que ceste puissance, comme nous auõs demonstré, par cy dessus, appartiẽne proprement aux ames, & choses diuines & eternelles, d'ou mesme elle est appellee par le nom de clefs du Royaume du Ciel: toutesfois elle s'estend aussi aux choses terriennes, & mesmes aux corps, quand la cause de la foy le requiert, à la paix & tranquilité de la religiõ, ou est le salut des ames. Parquoy celuy la ne s'étremesle des affaires seculieres & du mõde, qui touche tãt soit peu les negoces seculieres, non pour l'amour de ce siecle present, mais pour la felicité eternelle: Autrement l'Apostre s'entremesloit & s'embrouilloit és affaires seculieres, quand il donnoit les preceptes a la 1. des Corinth. cap. 7. & 1. a Timoth. 5. de rendre le deuoir du mariage, des nopces des ieunes gens & adolescens, des veufues, de la procreation & esleuemẽt des enfans. Septiesmement il admene ce lieu de l'Apostre, *Omnis anima potestatibus sublimioribus subdita sit*, aux ROM. 13. sur lequel lieu il dit, que saint Chrisostome à escript, que nul ne peut estre excepté de ceste loy, soit Apostre, ou Euangeliste, Prestre, Moine, ou quelque autre que ce soit. Mais le tesmoignage de l'Apostre fauorise grandement nostre cause. Ceste sentẽce est tresueritable & generalle, que tous doibuent obeir & obtemperer du tout à la puissance du superieur. Mais d'autant qu'il y a deux sortes de puissance, à sçauoir, spirituelle, & temporelle: Ecclesiastique & politique, desquelles l'vne est aux Euesques, & l'autre aux Rois. Les Euesques deurõt estre subiects aux Roys, en ce qui concerne le temporel. Et les Roys, seront subiects aux Euesques, quand au spirituel, comme plus à plain traictent ceste matiere Gelase premier, en son Epistre qu'il escrit à Anastase, & Nicolas premier en celle qu'il escrit à l'Empereur Michel: mais parce que l'Euesque Romain, non seulement est le souuerain Prince de l'Eglise, auquel par droit diuin tous les Chrestiens doibuent obeyssance, & sont subiects: mais aussi, qu'il est Prince temporel en sa prouince, & en ses terres: & ne recongnoist point de superieur temporel, non plus que les autres Rois & Princes souuerains és lieux de leurs commandemens & seigneuries, de là vient qu'il n'y a point de puissance sur luy en terre, & qu'à luy, comme à la plus grande puissance & superieure doibuent estre subiects, tous les Rois & Princes Chrestiẽs: selõ le precepte de l'Apostre. Et de la S. Bernard en l'Epist. 183. qu'il escrit à l'Empereur Conrard dit. *Legiomnis anima, potestatibus sublimioribus subdita sit.* Laquelle sentence, ie desire que vous gardiez, en exhibant & rendant l'honneur & reuerence au Vicaire sainct Pierre, laquelle mesme vous voulez vous estre gardee de tous les subjects de vos Roiaumes & Empires,

CHAP. XXVI.

Il vient en dernier lieu aux exemples des Papes, lesquels cependant qu'ils se disoient publiquemẽt estre sujects aux Rois, donnoient à congnoistre tout ensemble, qu'ils ne pouuoient commander aux Rois. En premier lieu, il admene en ieu Boniface I. qui requist à l'Empereur Honoré, qu'il commandast, que de là en auant les Papes ne feussent plus esleuz par ambition, ou par quelque autre raison & voye illicite. *canon. Eccles. dist.* 97. Mais qu'est-ce quececy fait à la chose? Honoré pour lors commandoit en l'Occident, & le Pape n'auoit pas de luy mesme ses forces temporelles, qu'il peust aller à l'encontre des seditions populaires, lesquelles s'esleuoient & naissoient incontinent apres, & enuiron le temps de son eslection. Parquoy il requit, & demãda à l'Empereur, de n'endurer que l'eslection ne feust empeschee ny troublee, mais qu'il feist cõtraindre les hommes ambitieux & facticeux par son authorité & puissance imperialle. Aussi pour la mesme raison les Papes concederent à Charlemagne le droit de l'eslection du Pape. Mais non pourtant l'Empereur cõmandoit-il tellement au Pape, qu'il le peust iuger, par ce que le droit de son eslection precelloit. Car c'est autre chose de designer & ordonner la personne qui puisse prendre le Pontificat: & autre chose est d'auoir puissance sur le peuple ja creé. Secondement il profere, quelques actes du Roy Odoacre lequel auoit tyranniquement enuahy Rome, Symmachus estãt Pape, mais oyons ces paroles. Il y eut plusieurs bonnes loix ordonnees par ce Roy, & receuës en l'Eglise par les Ecclesiastiques, iusques à ce qu'il fut desconfit par Theodoric Vvisigoth. Au canon *Bene quidem, dist. 96.* Ie ne sçay que iuger icy de nostre aduersaire, ou s'il resuoit quand il escriuoit cecy, ou si par son industrie & à son esciẽt il auroit allegué ses tesmoignages cõtre luy-mesme, afin de demõstrer, qu'il n'estoit pas sain de sõ entẽdemẽt. Car certainemẽt tout ce canõ. *Bene quidẽ* cité par iceluy fait du tout, pour abroger & abolir la loy du Magistrat & Iuge politique. Car voicy les paroles de ce canon cy deuant allegué, du Concile Romain tenu soubs le Pape Symmachus. *Ista scriptura, nullum Rom. ciuitatis, potuit obligare pontificem: quia non licuit laicis, statuendi in Ecclesia, præter*

Romanum Pontif. *habere aliquam poteſtatem: quos obſequendi manet neceſsitas, non auctoritas imperandi:* Et plus bas, le Concile dict : *licet ſecũdum proſequutionem venerabilium fratrum noſtrorum. Laurentij, Petri, Elalij Creſconij, Maximi, vel Stephani, nec apud nos incertũ habetur, hanc ſcripturam, nullius eſſe momenti verumtamen etiamſi aliqua poſſet ratione ſubſiſtere modis omnibus in ſynodali cõuentu prouida beatitudinis veſtræ ſententia eneruari conueniebat, ne in exemplum remaneret præſumendi quibuſlibet laicis quamuis religioſis, vel potentibus, in quacunque ciuitate, quolibet modo aliquid decernere, de Eccleſiaſticis facultatibus, quarum ſolis ſacerdotibus diſponendi indiſcuſſe à Deo cura cõmiſſa docetur.* Ce ſainct Concile n'a point faint ces choſes a Rome, en la preſence de Symmachus, contre la loy donnee de Baſile Patrice, & d'Odoacre Lieutenãt en ceſte Ville la, pour le Roy qui lors regnoit. Comment eſt ce donc que ne dormoit ou pluſtoſt reſuoit & raddotoit celuy qui admene le decret de ce ſinode, pour prouuer que les bõnes loix d'Odacre ont eſté receues de l'Egliſe? Car quand à ce qu'il appelle Oſtrogoth, Theodoric Vuiſigot ſucceſſeur d'Odoacre, & quelques autres plus petites fautes, ie les laiſſeray paſſer facilemẽt. En tiers lieu, il admene l'exemple du Pape Pelagius en ces termes. Pelagius premier feist profession de foy, & donna le serment entre les mains de Ruffin, que Childebert Roy de France, auoit depesché & enuoyé. *cano. Satagendum* 25.9.1. Il semble que nostre aduersaire, vueille icy interpreter ce canõ en ceste sorte, que le Pape Pelagius, auroit iuré & promis l'obeissance au Roy Childebert. Car il auoit à prouuer qu'anciennement les Papes, auoient accoustumé, de porter obeissance & estre subiects aux Roys: Mais cecy est bien loing de la sentence de ce canon. Le Roy Childebert desiroit de congnoistre l'opinion de la foy Catholique, du Pape Pelagius, parquoy, il luy enuoye demander par son Ambassadeur, ou qu'il luy enuoyast par escript sa foy: ou certainemẽt qu'il declareroit, & approuueroit le liure & Tome de sainct Leon. Le pape feist tous les deux, car il declara & signifia qu'en toutes choses il approuuoit le Tome de saint Leõ & exposa sa foy par paroles, propres & expresses: de peur (comme luy mesme dit) qu'il ne demeurast en l'esprit & entendement des hommes, quelque occasion de mauuais soupçon. Et voicy toute la sentẽce & intẽtion de ce canõ, auquel n'est faite aucune mention, que le Pape aye presté le serment, d'obeissance & subiection à Rufin Nostre aduersaire, c'est à sçauoir, à accoustumé de alleguer ces canons de bõne foy. Quatriesmement, il produit l'exemple de Leon 4. lequel il dit auoir confirmé par iurement, qu'il garderoit les loix & ordonnances de Lothaire, & qu'il auroit promis de faire Euesque, vn certain Diacre de l'Eglise Reatine, que ledit Lothaire auoit demandé & requis, & qu'il auoit faict cause & crime de leze majesté, en la presence de Louys fils de Lothaire *canon. de capitulis distin.18.canon. Reatina. distin.63.cano. Nos si incompetenter* 2.9.7. Mais toutes ces choses, sont de solutiõ tresfacile. Car en ce canon *de capitulis.* Le pape Leõ ne iure pas de garder les loix, que Lothaire auoit faictes. & donnees en la presence du Pape Eugene 2. (comme nostre aduersaire dit & ment faulsement) & lesquelles sont escriptes au premier liure *de feudis* car certainement, ny ces loix feudales, ou n'appartenoient aux Papes, & n'est faicte aucune mention d'icelles, au canon. *de capitulis*, & ne se lit point en ce canon le serment & iuremẽt du Pape. Mais seulement le Pape Leon, promet, de n'estre permis que les loix, tant des Empereurs:

comme aussi des Papes soiēt gardees & obseruees. De telle façon, parle le Pape Iean 8. au canon *vides distin*. 10. Quand à ce qui appartient à l'Eglise Reatine, il ne se faut esmerueiller si le Pape ne vouloit pas ordonner cest Euesque, sans la volonté de l'Empereur: veu qu'en ce tēps le priuilege, qu'auoit concedé le Pape Adrian, à Charlemagne, estoit tellement en sa force, qu'aucun Euesque ne se faisoit, que l'Empereur ne l'eust cōmādé, comme il est facile à veoir au canon. *Adria. dist*. 63. Finalement, quand à ce qui appartient à la purgation du Pape Leō faicte deuant Louïs, fils de Lothaire, il appert assez, que le Pape de sa pure & franche volonté s'estoit soubmis au iugement discret (comme disent aucuns) de l'Empereur: & non pas contraint. Ce que auroient fait aussi au parauant, Leon 3. & Sixte aussi 3. lequels se confiant à leur innocence vouloient examiner leur cause, & estoient purgez par leur seul iurement, & non par sentēce d'aucun iuge superieur. En cinquiesme lieu, il admene l'exemple de Honoré 3. cap. 1. *de iuram. cal*. ou le Pape dit, que la loy imperiale, du iurement des clers doibt estre gardee. Mais qu'est il de merueille, si le Pape auroit voulu que ceste loy feust obseruee, laquelle principalement appartenoit, à l'honneur du clergé? Car ceste loy estoit telle que les clers & Moines, ne pouuoient estre contraints n'y appellez en iugement public. Mais pourquoy nostre aduersaire ne s'aduise il, que en ce chapitre, le Pape s'est demonstré Iuge des loix: veu qu'il les auroit estendues & declarees par son autorité? Sixiesmement il allegue les exẽples de la foy anciẽne, par lesq̃lles il dit vouloir bouscher les bouches de tous les aduersaires. *Que l'on recherche (dit il) diligẽment en l'escripture sainte, quelle auctorité auroient eu les Roys & Princes d'Israël sur les Prestres & autres Ministres Eclesiastiques, de la loy diuine: à laquelle autorité rien n'est diminué en cestuy nostre temps de grace & cæt.* Mais en recherchãt i'ay trouué quelques choses lesquelles facilement luy fermeront la bouche. Car au liure des nombres chap. 27. *iubetur princeps & omnis populus ingredi atque egredi ad verbum Eleazari sacerdotis*, & au Leuitiq. chap. 4. sont descrits quatre sortes de Sacrifices de l'ordre & dignité desquels les Interprettes ont parlé, suiuant l'ordre & la dignité des personnes pour lesquels ils estoient offert. Le premier estoit le Sacrifice du Veau, qui estoit le plus grand. Et iceluy estoit pour le seul Pontife,

& grand Prestre: comme pour la personne plus digne de tous : Le second de mesme estoit du Veau, pour toute la Synaguogue: Le troisiesme du Bouc, c'est à sçauoir plus vil & abiect, & iceluy estoit pour le Roy. Finalemẽt le quatriesme Sacrifice estoit d'vne Cheure, qui estoit le plus infirme & le plus vil, estoit immolé & offert pour tout homme priué & particulier. D'où Philon Iuif, le plus docte d'entre les Hebrieux, *In lib. de victimis*, Theodoret en la premiere question sur le Leuitique. *Et Procopius in comment. 4. cap. Leuitici*, disent & afferment que mesmes entre les Hebrieux le Pontife & grand Prestre estoit plus grand & plus excellent que le Roy. Au liure de Iosué, ch. 14. 17. 19. 21. tousiours quand on nommoit le Prestre & le Prince, Eleazar & Iosué, en premier lieu l'on appelloit le Prestre, & puis apres le Prince. Qu'est-ce que le Pontife Ioïada (comme cy deuant nous auõs briefuement remarqué) feist chasser & deiecter de son throsne la Royne Athalie, tant pour sa tyrannie: comme aussi pour ce qu'elle auoit corrompu la religion, & feist mettre en son lieu Ioas? Car ces paroles de la saincte Escriture tesmoignent, que le Pontife Ioïada ne feist pas cest acte, en conseillant ou l'admonnestant: mais commandãt plainement, & de puissance absoluë, & voicy le texte. Et *fecerunt centuriones, iuxta omnia quæ præceperat eis Ioiada Sacerdos.* 4. *Reg.* 11. En septiesme lieu il adiouste l'exemple de l'Apostre sainct Paul, lequel (afin que ie mette ses mesmes paroles,) *cum à Iudæis accusaretur hæreseos, agnoscebat cognitionem causæ suæ ad festum Cæsaris vicarium pertinere, eáque de causa ad Imperatoriam maiestatem accusatores suos prouocabat. Actuum* 25. Qui est-ce, qui ne se mocqueroit, d'vn si absurde interprette d'Escritures? Sainct Paul auroit-il donc faict vn Ethnique & Payen Iuge de la foy Chrestiẽne, qu'il estime tellemẽt rude en la mesmes foy, mais plustost vn mocqueur & detracteur d'icelle. Saint Ambroise ne voulut oncq endurer au Palais de l'Empereur Valentinian, lequel se disoit estre Chrestiẽ, que l'on decidast la cause de Iesus Christ, de peur que quelque Ethnique, ne se vint seoir entre les Iuges, & vint à triompher de Iesus Christ, s'il iugeoit la cause d'iceluy mesme Iesus Christ nostre Sauueur. Et le grand Athanase n'eut aucune peur, d'appeller Antechrist Constance Auguste: d'autant qu'il auoit esté si osé que de presider au Concile des Prestres. Et sainct Paul eust remis &

En l'Epist. qu'il escrit a ceux qui meurẽt vie solitaire

renuoye franchement la cauſe de Ieſus Chriſt, a vn Empereur payen & Ethnique comme iuge legitime? donc il ne plaida pas ſa cauſe [d'hereſie ou de la foy : mais trop bien de ſedition & tumulte excité, entre le peuple,] premierement deuāt Felix, puys apres deuant Feſtus, & en dernier reſſort deuant Nerō. Car ſes accuſateurs aux actes 24. diſoient. *Hunc inuenimus hominem peſtiferum, & concitātem ſeditiones omnibus Iudæis, in vniuerſo orbe, & auctorem ſeditionis ſectæ Nazarenorum, qui etiam templum violare conatus eſt.* Et S. Paul reſpondoit: *Non plus ſunt mihi dies, quam 12. ex quo adſcendi adorare in Hieruſalem, & neque in templo inuenerunt me cum aliquo diſputantem, aut concurſum facientem turbæ, neque in Synagogis, neque in ciuitate* & au chap. 25. *Neque in legem Iudæorum, neque in Cæſarem quidquā peccaui.* Et auſſi ces iuges Romains n'eſtoient pas, ſi imprudens, & deſpourueuz de ſens, de vouloir iuger des choſes, leſquelles ils n'entēdirent pas. Parquoy le proconſul d'Achaie aux Actes 18. reſpondit en ceſte ſorte aux Iuifs qui accuſoient ſainct Paul. *Siquidem eſſet iniquum aliquid, aut facinus peſſimum, o viri Iudæi, recte vos ſuſtinerem: ſi vero quæſtiones ſunt de verbo, & nominibus legis veſtræ, vos ipſi videritis, iudex*

iudex ego horum, nolo esse. Le huictiesme lieu, il l'amene de l'Histoire d'Affrique d'Optatus, [comme luy mesme dit] Que le prefect Marcelin fut donné & constitué iuge, contre les Donatistes, par Honorius l'Empereur. Mais il à bien monstré en cecy sa sagesse. Car l'Histoire de la collation de Carthage, de François Baulduin d'autant qu'ē icelle il cite fort souuent Optatus, il semble que nostre aduersaire le vueille prendre de telle sorte, comme si c'estoit toute l'Histoire d'iceluy Optatus. Mais il n'y a nulle Histoire d'Affrique, qui soit d'Optatus : Mais seulement quelques liures, qu'il a escripts, contre *Parmenam*. Et ne se souuient, ny ne faict aucune mention en ses liures, que le prefect Marcellin eust esté delegué, par l'Empereur Honorius, en la cause des Donatistes, veu qu'il auroit escript ses liures du temps du Pōtificat de Syricius, comme luy mesme le tesmoigne en son second liure. Comme ausi la commission de Marcellin, auroit esté faicte, apres la mort du Pape Siricius, & d'Anastase son successeur, estāt Pape Innocent premier, c'est à sçauoir l'annee du consulat de Varo, comme il est facile à congnoistre, par les actes de ceste collatiō, ou presidoit ledit Marcelin, commis & delegué de l'Empereur Honorius. Mais que Marcellin auroit esté donné pour cognoistre de la cause des Donatistes, cela ne nuist aucunement ny ne preiudicie à nostre cause. Car comme escrit sainct Augustin, *lib. 3. contra Iulianum. cap. 1. Non fuit illud Ecclesiasticum iudicium, in quo fides explicanda esset, sed extraordinaria collatio, & ob quandam necessitatem suscepta.* Car les Donatistes gastoient & infectoient toute l'Affrique, & ne pouuoient par autre moyen estre reprimez, ou contraints à la dispute, sinon que par les puissances temporelles. Parquoy Marcellin ne voulut pas se seoir comme estant Iuge: & ne donna autre sentence, sinon que celle qui estoit en forme de tesmoignage public, par lequel l'on declaroit, que les Donatistes auroient esté tellement inferieurs aux Catholiques en disputé, qu'ils n'auroient sçeu ny peu respondre vn seul mot. Voyez saint Augustin, *in breuiculo collationis.* Neufuiesmement il admene ce que dit sainct Augustin en l'onziesme traicté sur sainct Iean. *Mandatum aliquando fuisse Dulcitio Tribuno, ab Imperatore, vt in Donatistas animaduerteret.* Mais nous ne sommes pas icy en dispute de ces choses. Car nous nions que le iugement de la foy appartient aux Princes temporels. Mais nous concedons & accordons librement, que les heretiques sont condamnez de l'Eglise, tels qu'estoient pour lors les Donatistes, tels que les Lutheriens & Huguenots sont, & qu'ils doibuent estre punis par les Princes temporels. Finalement, tout son dixneufiesme chapitre, ferme & conclud tellement toute la dispute, par l'insigne tesmoignage de sainct Ambroise: lequel en son Epistre 32. tesmoigne, *Dalmatium præfectum ab Imperatore ad se missum, vt ad concilium in palatio Imperatore iudice celebrandum accederet.* Mais si cecy n'est imposture, & abuser de la rudesse du vulgaire, ie ne sçay que ce sera iamais. Car sainct Ambroise dit bien qu'il fut appellé à ce iugement, mais aussi il dit & asseure qu'il n'y voulut iamais aller pour aucune raison que ce feust, voire mesme, qu'il feust en dãger de sa vie. Car voicy les paroles de sainct Ambroise en ceste Epistre qu'il enuoye à l'Empereur Valentinian. *Dalmatius me Tribunus & notarius mandato, vt allegauit, clementiæ conuenit tuæ: postulans vt & ipse iudices legerem, sicut elegisset Auxentius: nec tamen expreßit eorum nomina, qui fuerant. Sed id addit, quod in concistorio esset futura certatio arbitro pietatis iudicio tuæ. Cui rei respondeo, vt arbitror competenter. Nec quisquam contumacem iudicare me debet, cum hoc asseram, quod augustæ memoriæ Pater, cuius non solum sermone respondit, sed etiam legibus suis sanxit: in causa fidei, vel Ecclesiastici alicuius ordinis eum iudicare debere, qui nec munere impar sit, nec iure dißimilis.* Car voicy les paroles de ce rescript: c'est à sçauoir, qu'il a voulu que les Prestres iugeassent des Prestres, & plus bas. *Quando audisti, clementissime Imperator, in causa fidei laicos de Episcopo iudicasse?* Et vn peu plus bas. *Quis abnuat in causa fidei Episcopos solere de Imperatoribus Christianis, non Imperatores de Episcopis iudicare?* Et encores plus bas. *Si cōferendum de fide, Sacerdotum debet esse ista collatio.* Iusques icy sont les paroles de sainct Ambroise.

CHAP XXVII.

MAIS COMBIEN que nous ayons assez diligemment esplluché & rambarré les choses que nostre aduersaire admene en auant (soit qu'elles facent à la chose ou non) a l'encontre de l'authorité du Pape. Il nous reste encores toutesfois vn scrupule, qu'il faut oster, lequel paraduenture n'estant de petite importance, pourroit esbråler & esmouuoir quelques vns des plus simples. Donc en la pag. 156. nostre aduersaire dit, que la Bulle du Pape Martin cinquiesme, & alleguee par du Moulin: par laquelle vn priuilege est concedé aux François, que ny le Roy, ny ses subiebs, ny les communautez, ne peuuent estre excommuniez ny du Pape, ny d'aucũ autre Euesque que ce soit. Et que ceste Bulle, ne contreuient aucunement a la disposition du droit, laquelle ont accoustumé les Papes d'obseruer. Il le prouue de ceste extrauagãte de Iean. 22. laquelle cõmence *frequentes de iudic.* ou le Pape escript, que le sainct siege Apostolique, peut bien conceder a quelqu'vn ce priuilege, à sçauoir, qu'il ne puisse estre excommunié de personne. Par laquelle aussi il dit que Eugene 4. en l'extrauagante, *Diuina de* Priuileg. *Francis* (ce que nostre aduersaire à adiousté du sien: car Eugenius n'a pas nommé particulierement les François, Mais donna le priuilege en general) Que la Cour Romaine auroit concedé, à ceux qui viendroient apres, qu'il ne seroit loisible à aucun Euesque, tel qu'il feust, de prononcer sentence a l'encontre d'eux, mais finalement il adiouste, qu'il ne se soucye pas beaucoup des Bulles, n'y des priuileges de la Cour de Rome, veu que de droit, d'authorité & maiesté Royale, il soit propre au Roy de France de ne recongnoistre, aucun superieur, par dessus luy, que Dieu. A ceste obiection, l'on peut admener plusieurs vieilles solutions. Car la premiere ne se pourra facilement demonstrer, telle que par aucune Bulle, il soit signifié, que les Roys & Princes de Frãce, ne peuuent estre excommuniez par le grand Prelat & chef de toute l'Eglise. En apres si l'on pouuoit demonstrer ceste Bulle, sans aucun doubte elle deburoit estre expliquee en ceste sorte, afin que nous entendissions, que l'on ne peut excõmunier ces Princes, que au preallable l'on n'eust reuocqué le priuilege que leur auroit donné le Pape. Car vn Pape ne peult lier la puissance d'vn autre Pape son successeur. *Cum par in parẽ nullã habeat potestatem.* Et aussi parle en ceste maniere Iean 22. en son extrauagante, laquelle nostre aduersaire cite. Car il donne sentence d'excommunication aussi contre ceux qui paraduanture auroient eu quelque priuilege du sainct siege Apostolique, de peur qu'ils ne peussent estre excommuniez, sinon qu'il feust faicte mention specialle de leur priuilege. Mais en la cause de la foy tous les priuileges cessent, & n'y a aucun, soit Prince, soit priué qui ne puisse estre excommunié, & qui ne puisse estre affecté aux autres peines donnees contre les heretiques, pour raison de la mesme heresie. De cecy nous en auons plusieurs beaux tesmoignages des Papes, Vrbain quatriesme, & Clemēt aussi quatriesme, aux lettres qui commencent, *præ cunctis*. Et du mesme Clement, *cano. ut officium, de hæretic. in 6. §. denique.* Ou apres plusieurs choses dittes de la puissance des Inquisiteurs, ceste clause est adioustee. *Non obstantibus aliquibus priuilegiis, vel indulgentiis, quibuscunque personis, cuiusuis conditionis, dignitatis, vel gradus, religionis vel ordinis, communitatibus, vel uniuersitatibus ciuitatum, & locorum specialiter, vel generaliter, sub quacunque verborum expressione vel forma à memorata sede concessis, vel in posterum concedendis, cum ex huiusmodi, vel aliis priuilegiis, vel indulgentiis nullum vobis in tanto pietatis negotio velimus obstaculum interponi*. Que si les decrets & lettres des Papes contemnez, nostre aduersaire seulement s'appuye sur la majesté & authorité de nos Rois, à quelle occasion debat-il, que les Rois de France, & leurs Princes, ne peuuent estre excommuniez, il est necessaire qu'il afferme le mesme: à sçauoir, que les autres Rois, lesquels ne recognoissent point de superieur temporel par dessus eux, ne peuuent estre pareillement excommuniez. Car pourquoy (tous priuileges ostez) seroient plustost assubiectis au sainct siege tous les Empereurs des Romains, les Rois d'Angleterre, de Polongne, des Daces & Cymbres, ou quelque autre Roy que ce soit, que le Roy de France? Mais l'Empereur Theodose, trespuissant Monarque de toute la terre, fut iustemēt excommunié pour le massacre des Thessaloniciens, & aussi l'Empereur Arcadius fils dudit Theodose, pour auoir expulsé S. Chrysostome hors de son siege. Et les Empereurs Zenon & Anastase, pour l'heresie Eutychienne, & Henry d'Angleterre, & Sueuon Roy de Dace, & Boleslaus Roy de Polongne, pour plusieurs autres crimes furent excommuniez, comme le confesse mesme nostre aduersaire en sa page 164. & aux pages suiuantes. Si donc la souueraine dignité & majesté de ces puissans Rois n'a peu les empescher qu'ils ne feussent excommuniez, tesmoing nostre Apologetique : ceste dignité pourra-elle deffendre le Roy de France, ou ses sujects, de la dignité superieure? Quoy? Ce que cest imprudent & fol d'aduersaire se contrariant luy-mesme en toute son Apologie, affirme le mesme des Rois de France, page 161. & en la suiuante, ce qu'au mesme lieu en la page precedente, il auroit affirmé des autres Rois & Empereurs. Car il raconte que Lothaire, Dagobert, Philippes Auguste, Philippes le Bel, Louys douziesme furent autresfois excommuniez. Et certainement si les choses sont vrayes, que nous auons apportees cy dessus, tant de l'Euangile, des commentaires des saincts Peres, que des tesmoignages des mesmes Rois de France, & Gouuerneurs, touchant la puissance & auctorité des souuerains & legitimes Papes, sur tous les fidelles : & aussi sur les mesmes François, soit Princes, ou hommes priuez & particuliers, soit Ecclesiastiques, ou hommes laics, lesquelles choses susdittes ne peuuent à la verité estre faulse, il ne se peult dire par aucune cause ou raison. Pourquoy le Pape ne peust excommunier tous Princes quels qu'ils soient, si le cas y escheoit, & requeroit.

QVATRIESME PARTIE.

CHAP. XXVIII.

FINALEMENT à ceste heure, il faut admener les causes & raisõs, pour lesquelles non seulement, il n'est seur: mais aussi est tres-dangereux ou plustost l'on doibt estimer estre euidemment tres-pernicieux si vn hõme heretique estoit esleué sur le trosne du Royaume, aux prouinces des Catholiques. Et premierement ie dis & affirme, que où le Roy est heretique, que la religiõ, n'y le Royaume ne peuuent estre de lõgue duree; parquoy que ceux la, se persuadent pour certain, lesquels conseillent de prẽdre vn Roy heretique, que eux mesmes cõseillent pareillement de perdre la foy, la Religiõ & le Roiaume. Si l'on recherche diligẽmẽt les anciẽnes Histoires, l'on trouuera, trois grãds & magnifiques Roiaumes auoir esté instituez & establis presques tout en vn mesme teps? A sçauoir celuy des Vuandales en Afrique: des Goths en Italie, & celuy des François, en Gaule: Le Royaume des Vvandales [Auteur Gensericus] institué en Affrique ne peut estre gouuerné & regy que par six Roys seulement, d'autant qu'iceluy Royaume auroit eu des Roys heretiques lesquels degastoient cruellement & mesdisoient de l'Eglise Catholique. Car combien qu'il feust trespuissant & de longue & largue estendue: Dieu toutesfois vangeant iustement les iniures faites à sa religion, fut peu de temps apres, tellement euerty de fonds en comble, & tellemẽt deraciné, que à grande peine seroit il resté en Affrique aucune memoire des Vvandales. Le Royaume des Goths, Auteur Theodoric, estably en Italie, florissoit tellement au commencement en puissance & richesses, qu'il n'eust cedé en aucune chose, à l'Empire Romain, iceluy Royaume des Goths eut des Roys, vn peu moins inhumains, & toutesfois estoient ils Arriains: & pour ceste occasion, il ne peut estre stable, ny de duree: non plus que le susdict Royaume des Vvandales, car à grande peine vingt Roys ont tenu le ſceptre en Italie veu que tous les Gots, iuſques a vn ſeul, auroient eſté expulſez & chaſſez de l'Italie, ou auroiẽt eſté tous mis à mort. Reſte ſeulement de ces troys Royaumes noſtre pauure Royaume de France, lequel auroit ietté de treſ-hautes & profondes racines. Et auroit peu demeurer ferme & ſtable, par tant de ſiecles paſſez: & qui auroit merité d'auoir eu touſiours depuis Clouis, par benefice & priuilege ſpecial de Dieu, des Rois treſ-Chreſtiẽs, & deffenſeurs de la foy & religion Chreſtienne & Catholique, Apoſtolique & Romaine. Et combien que l'Empire Romain n'aye pas eſté inſtitué ny par les heretiques ny n'auroit auſſi peu eſtre euerty & ruiné d'iceux: Toutesfois, il auroit grandement flory, y commandant les Princes Catholiques ou au cõtraire, il auroit eſté mis quelques fois en extreme dãger & eminẽt peril par les heretiques, perſonne ne niera cecy à tout le moins qui aura leu les hiſtoires. S. Auguſtin au liure 5. de la cité de Dieu cha. 25. parle ainſi de Cõſtantin Empereur Catholique. *Conſtãtinum imperatorem ipſum verum Deum colentem, tantis terrenis Deus impleuit muneribus, quanta optare nullus auderet: uni-*

uersum orbem Romanum unus Augustus tenuit & defendit. In administrandis, & gerendis bellis victoriosissimus, in tyrannis opprimendis, per omnia prosperatus est. Grandæuus ægritudine & senectute defunctus est, filios imperantes reliquit. Le semblable ce peut dire, des deux Theodoses, de Charlemagne, de Othon premier & de plusieurs autres. Mais au contraire, Constance, fauteur des Arrians, en la fleur de son aage, sans hoirs, estant plustost consommé de douleur d'esprit, que de maladie, fut contraint de delaisser l'Empire à son ennemy: contre lequel il auoit prins les armes. Iulian l'Apostat, tout au commencement de son aduenemẽt à l'Empire, frappé diuinement de la main de Dieu, fut aussi priué de la sepulture commune, & non seulement perit miserablement: mais aussi il perdit tout son exercite, & apporta grand detriment a tout l'Empire Romain. L'Empereur Valens, qui estoit addonné oultre mesure à l'heresie Arrienne, surmonté & honteusement vaincu par les Goths, fut bruslé tout vif: & meist l'Empire d'Orient en telles extremitez & angoisses, qu'a grãd peine il auroit peu estre conserué & garãty, par la vertu incroiable, du Catholique

Gregoire Naziene. en l'Orais. d'Athanase.

Ruffin. liu. 11. cap. 13.

& religieux Prince Theodose. Les Empereurs d'Orient des ce temps là, auquel ils commencerent, à estre en discord auec l'Eglise Catholique, pour raison de l'heresie des Iconomacques & briseurs d'Images, tousiours de plus en plus diminuez de forces & puissance, furent finalemẽt cõtraintz de quitter & ceder l'Empire au cruel tyran des Turcs. Et ne se peut rendre cause & raison plus vraye, pourquoy le Turc auroit peu si facilement enuahy & occuper l'Asie, l'Affrique, & la Grece, sinon qu'ils meritoient ceste si horrible & tres-iuste punitiõ de Dieu souuerain, à cause des schismes & heresies, lesquelles y regnoient, & regnent encores auiourd'huy. Qu'est il besoin de tant de choses? Que l'on lise & relise les Histoires qui est ce qui ne trouuera facilemẽt, que nul Royaume, gouuerné par les heretiques, ne s'est peu heureusement accroistre, ou ne s'est peu conseruer guerres longuement.

CHAP. XXIX.

MAIS ce seroit peu de chose, si le Royaume temporel seulement, & non pas la religion vraye & Catholique, laquelle seule conduit à la vie bien-heureuse & eternelle, si les heretiques regnants feust admené & conduit en quelque danger. Car ceste sentence est tres-veritable, de l'Ecclesiastique 10. *Qualis est rector ciuitatis, tales & habitantes in ea.* Et le dire du Poëte : *Totus componitur orbis, regis ad exemplum.* De là, c'est à sçauoir, du temps des Iuifs, où Dauid, Ezechias, Iosias, & plusieurs autres hommes pieux estoient Rois, là, la vraye Religion par tout estoit tenue & honoree de tous. Où Ieroboam erigea l'Idole, la plus grande partie du Royaume s'addonna à adorer l'Idole. Et apres l'aduenemēt salutaire du fils de Dieu IESVS CHRIST. Regnant le pieux Constantin, la religion Chrestienne florissoit, & estoient les Idoles delaissees. Regnant Cōstance l'Arrian *ingemuit orbis*, (afin que ie vse des paroles de sainct Hierosme en son Dialogue contre les Luciferians) *& se Arrianum esse, miratus est.* Regnant Iulian l'Apostat, l'idolatrie se remist sus, & vn nombre infiny d'hommes qui auoient promis la foy à Iesus Christ, afin de complaire à ce miserable Roy, de Iesus Christ s'enfuyrent & retirerent vers Belial & au diable. Et afin que ie passe souz silence, ce qui est de l'antiquité depuis peu d'annees en ça, commandãt en Angleterre Edoüard sixiesme, presque tout le Royaume de Iesus Christ se retira du costé de Iean Caluin. Du regne de la Royne Marie, de rechef presque tout le Royaume ne reuinst-il pas à la bergerie de Iesus Christ? Du regne de Elizabet, ou plustost Iesabel, de rechef le Caluinisme, n'a-il pas recommencé à regner, & la vraye religion exillee & bannie? En tous les autres parties du monde, ie ne sçay si tu trouueras aucun Prince heretique, sur les terres duquel publiquement florisse la religion Catholique. Donc celuy la se trompe lourdement, qui pense, que durant le regne d'vn loup & enragé heretique, comme est Henry de Nauarre, la religiõ Catholique Apostolique & Romaine, puisse estre longuement conseruee, en son entier & pristin estat.

CHAP. XXX.

ET non seulement la religion se pert durant le regne des heretiques, d'autant que plusieurs à l'exemple de leur Roy & chef se

conforment

conforment: Mais aussi par ce que la fureur & rage des heretiques, sur les Catholiques est si grande & si cruelle, quand elle est cõ-ioincte auec la puissance supréme, qu'elle ne les peut souffir demeurer en aucun lieu. Ce qu'auroient faict le Roy Achab & sa fẽme Iesabel, en l'Ancien testament, à cause de leur peruerse & mechante religion, contre les fideles & vrays seruiteurs de Dieu. Ces paroles du Prophete Helye le tesmoignent assez. *Altaria tua destruxerunt, & Prophetas tuos occiderũt gladio, & relictus sum ego solus, & quærunt animam meam, ut auferãt eã.* D'auãtage les Carnages & Stratagemes qu'auroiẽt esté exercez sur les pauures Catholiques, par les Empereurs Constance & Valent, & peu de temps apres, par Genseric, Huneric, & Trasimond, Roys Atriens, sont presques incroiables. Et s'ils n'auoient esté redigez par escript, par ces saincts personnages, qui estoient de ce temps la, cest à sçauoir, Athanase Pierre Alexandrin, Gregoire Nazienzene, Ruffin & Victor Vticiẽse, ils sẽbleroiẽt presque estre incroyables. En la vie de sainct Anthoine dit fort bien. Athanase le grand. *Post annos (inquit) duos, sæua Arrianorum irrupit insania: tum Ecclesia-*

3. liure des Roys chap. 19.

rum fuerunt rapinæ, tunc diuinorum temeratio vasorum: tunc pollutis æthnicorum manibus, sacra polluta sunt mysteria. Proh scelus! Horret animus explicare, quæ gesta sunt, virginum, matronarumque ereptus pudor, sanguis ouium Christi, in Christi templo effusus, veneranda respersit altaria. Et en son Apologetique, de sa fuitte. *Quis (inquit) locus reliquus, qui non ipsorum sæuitiæ monumenta possidet? quæ Ecclesia non luget eorum insidias?* Et vn peu plus bas, il adiouste, apres auoir ennombré les prisons & exils de plusieurs Euesques, & aussi les tourments & les morts que quelques-vns ont enduré. *Videre erat (inquit ille) post septimanam Paschæ, virgines in carcerem detrudi, Episcopos vinctos à militibus duci, pupillorum viduarúmque ædes populari, noctu Christianos raptari, ædesque obsignari, & fratres clericorum, pro fratribus in periculum deuocari.* Et encores plus bas. *Virgines ignibus flammatis rogi admotas, adigebat ad confessionem Arrianicæ religionis: ibi cum eas inuictas cerneret, corpora nudat, atque ita in faciem cædit, vt vix longo post tempore, à suis potuerint agnosci. Viros autem 40. comprehensos noua ratione lacerauit: virgis enim palmeis, aculeos suos adhuc retinentibus, ita terga eoram cæcidit, vt alij sæpius à medicis, ob tenacius inhærentes aculeos frustra curati : alij curationem non ferentes, mortem oppetiuerunt*. Et plus bas, touchant & declarant en vn mot, la cause de ces choses. *Siquidem (inquit) illis studium fuit secundum Achab quoquo modo, si id fieri posset, veritatem de medio tollere*. Sainct Athanase dit telles choses de ces meschans actes, lesquels ce perpetroient contre les pauures Catholiques, par les heretiques Arriens, estant leur fauteur & protecteur Constant l'Empereur. Pierre Alexandrin successeur de sainct Athanase, discute fort bien les tragedies lesquelles les Arriens auoient menez & excitees du temps de Valent. En vne certaine Epistre laquelle Theodoret a inseree de mot à mot en son histoire, liure quatriesme chapitre vingtiesme. En ceste Epistre outre toutes les autres choses, il raconte qu'il commença à contraindre ceux-là (c'est à sçauoir les Prestres & Diacres de l'Eglise) afin qu'ils reniassent la foy de noz anciens Peres, laquelle leur auoit esté baillee & delaissee des Apostres, & par la succession des saincts Peres de l'Eglise. Et afferme & dit là dedans, que c'est Empereur Valent, pour ceste cause, fut tellement indigné & courroucé, que finalement auec vne voix tramblante il proferast ces paroles. *O miseri obsequimini, Arrianæ opinioni assentite, pro certo persuasi, quod si istius doctrinæ obtemperaueritis, sitis pecuniam, opes & honores, ab imperatoribus consequuturi: sin autem restiteritis, tum carceres, tormenta, quæstiones, flagella & carnificinæ vobis subeundæ sunt.* Et plus bas, apres qu'il auoit rememoré & raconté plusieurs exemples tres-cruels, il adiouste cecy en sadite Epistre. *O sæuam iudicantis, immo vero codemantis crudelitatem! Nam qui pro pietate decertarint idem cum hominibus iudicium subeunt: corporaque eorum manent insepulta: & pro fide strenue dimicarint, bestijs & volucribus obijciuntur ad vorandum, qui denique Patres cæsorum, conscientiæ causa, commiserati sunt, tanquam impij facinoris auctores, securi feriuntur. Quæ Romanorum lex, quæ Barbarorum sententia vindicauit in eos qui patribus cæsorum condoluerunt? vbniam tale scelus à quoquam veterum, fuit vnquam patratum?* Voicy les choses, lesquelles il raconte en ceste sienne Epistre, presque incroiables, & certainement pleines de rage & fureur, cruelles, & barbares, ameres, & sans aucune misericorde, mais toutesfois les fols & enragez Arriens s'en sont grandement esiouis & glorifiez insolemment. Car quand toute la cité estoit en pleurs & lamentations, attristee de tres-grande douleur : (car il n'y auoit aucune maison, de laquelle comme il est escript en l'Exode, *non iaceret mortuus*) ceux cy desquels, la rage ne pouuoit estre assouuie, ne se sont point reposez, mais ont recommancé, tout de nouueau, & exercez leurs rages & meschācetez. Ce sont iusques icy les paroles contenues en ceste Epistre. Ruffin liure 11. de l'Histoire Ecclesiastique, chap. 3. adiouste ces choses, de Lucius Euesque Arrien, lequel estant supporté & appuyé, de l'ayde & faueur, de l'Empereur, qui estoit aussi Arrien, gastoit & ruinoit miserablement la pauure Eglise Catholique. (Dieu veille par sa saincte grace qu'il n'y en ayt point de tels en ce temps) Et dict aussi. *Lucius tanquam materia sibi crudelitatis oblata, sæuior erga cæteros efficiebatur: & ita ibat in sāguinem, ut ne speciem quidem aliquam religionis seruare videretur, cuius primo ingressu tanta & turpia in virgines, & continentes Ecclesiæ gesta sunt, quæ nec in persecutionibus gētilium memorantur. Inde post fugas ciuium & exilia, post cædes & tormenta, flammasque quibus innumeros confecerat, ad monasteria furoris sui arma connectit. Vastat eremū, & bella quiescētibus indicit tria millia simul, aut eo amplius viros per totam eremum, secreta & solitaria habitatione dispersos oppugnare pariter agreditur, mittit armatam equitum ac peditum manum: Tribunos, Præpositos & bellorum duces, tanquam aduersus Barbaros, pugnaturos elegit. Qui cum venissent nouā belli speciem vident, hostes suos gladijs obiectare ceruices, & nihil aliud dicere nisi, Amice ad quid venisti?* Ce sont iusques icy les paroles de Ruffin. Sainct Gregoire de Nazianze en l'oraison qu'il à faicte contre les Arriens, il deplore quelques autres sortes de meschācetez des Arriens, qu'ils auroient commises & perpetrees durant le regne de ce Roy Arrien. En ceste maniere. *Aræ dilectæ, quemadmodum diuinæ literæ loquūtur, nunc vero per ignominiam contaminatæ, quisnam impudicus adolescens, turpiter cantillans, & corpus inflectens vobis insultauit? O virginum pudor ac verecundia, quæ ne modestorum quidem virorum conspectum ferre potest, quis te affecit ignominia, etiam ad illas vsque corporis partes, quas spectari nefas est, & impiorum oculis miserabile spectaculum proposuit, ignéque Sodomitico vindicandum? Mitto enim cædes, hoc dedecore tolera-*

biliores, quasnam feras in corpora sanctorum immisimus, quod quidem fecere, qui naturam humanam publicarunt, & prostituerunt, vno tantum obiecto crimine, quod impietati non assentirentur. Quorum Antistitum, præsentibus alijs initiatus, & præter lachrymas nihil opus adferre valentibus, similes carnes vngnibus laceratæ sũt? cum Christo suspensæ? patiendo victoriam adeptæ? sanguine pretioso populum aspergentes? abductæ tandem ad necem? cum Christo sepeliendæ, & gloria cum eodem afficiendæ? Quosnam seniores ignis & Aqua, naturæ sibi inuicem aduersantes, itant noua inusitaque face supra mare sublata cum naui, qua soluerant exusti sunt? Iusques icy sont les paroles de sainct Gregoire, lequel en ces derniers propos a signifié assez le genre de supplice inouy, duquel le Prefect & Lieutenãt de Valẽt l'Empereur Arrian, auroient vsé enuers les octante personnages qui auoient esté enuoyez des Peres Orthodoxes, à iceluy Empereur, les ayant enfermez en vn nauire au meilleu des flots de la mer, les auroient brusllez auec des torches ardantes. Mais toutes ces choses lesquelles iusques icy nous auons alleguees, sembleront estre tolerables & legieres, si elles sont ballancees

& comparees auec celles qui ont esté faictes par les Rois des Vvandales, pour conseruer leur Arrianisme. Victor Vticense liure premier, raconte cecy de Gensericus, *Præcipere (inquit) nequaquam cunctatus est Vvandalis, vt Episcopos atque laicos nobiles, de suis Ecclesiis & sedibus nudos, atque expolliatos expelli præcepit.* Et vn petit plus bas. *Sacerdotes atque insignes viri amißis iam Ecclesiis, & rebus occurrere nisi sunt supplicantes, vt ad consolandum populum Dei, saltem habitandi facultas concederetur.* Ausquels d'vne bouche & voix enragee, il respondit ainsi par son messager. *Decreui ego de nomine & genere vestro, nullum dimittere, & vos audetis talia postulare: quos etiam vicino mari voluit eadem hora demergere, nisi à suis, diu ne hoc faceret, rogaretur.* Et vn petit au dessouz. *Terret pr ceptis feralibus, vt in medio Vvandalorum nostri nullatenus respirarent, neque vsquam orandi, aut immolandi concederetur gementibus locus.* Et plus bas. *Iubet famulos Dei, ligatis pedibus post terga, currendum quadrigarum inter spinosa loca syluarum pariter interire, vt ducta atque reducta dumosis liquorum aculeis innocentium corpora carperentur, ita deligati, vt exitum suum inuicem præuiderent.* Et encores plus bas. *Quodam tempore Paschalis solennitas agebatur, & dum in quodam loco, qui regia vocitatur, ad diem* Paschalis *honoris nostri sibimet clausam Ecclesiam reserarent, compererunt Arriani, statim quidam presbiter eorum Audiet nomine, congregata secum, armatorum manu ad expugnandum turbam accenditur innocentum, introeunt euaginatis spathis, arma corripiunt, alij quoque tecta conscendunt, & per fenestras Ecclesiæ, sagittas sporgunt & tunc forte cauente populo Dei, lector unius pulpito assistens: Alleluiaticum melos canebat, quo tempore sagitta in gutture iaculatus, cadente de manibus codice mortuus post cecidit ipse. Nam & alij quamplurimi sagittis & iaculis in medio crepidinis altaris probantur occisi. Nam qui gladij tunc interempti non sunt, postea pœnis attriti regio iussu omnes pœne necati sunt, præsertim maturoris ætatis.* Alibi *tempore, quo sacramenta Dei, populo porrigebantur, introeuntes maximo furore, corpus Christi & sanguinem pauimentis sparserunt, & illud pollutis pedibus calcauerunt.* Mais au commencement du second liure, le mesme Victor descrit, que l'aduenemēt du regne du Roy Huneric, qui auoit succedé à Genseric, fut plus doux & moderé enuers les Catholiques. Mais d'autant qu'il ne se peult faire, que l'esprit de Satan, duquel tous les heretiques sont remplis, endure & souffre long temps en paix & tranquillité l'Eglise Catholique, espouse de IESVS CHRIST, bien tost apres, il adiouste, que la persecution de Huneric enuers les pauures Catholiques fut bien plus griefue que elle n'auoit pas encores esté au parauant soubs Genseric. *Quibus (inquit) prosequar fluminibus lachrymarum, quando Episcopos, Presbyteros, Diaconos, & alia Ecclesiæ membra, id est quattuor millia, octingentos sexaginta sex ad eremum, in exilum destinauit?* Et par apres, en tout le second, & troisiesme liure, le mesme autheur poursuit les supplices inouyes, & presque du tout incroyables, desquels les Catholiques estoient cruellement traictez en tout le Royaume des Vuandales. Doncques que ceux-là n'en attendent pas moins, lesquels souffriront que l'on constitue & establisse sur eux vn Roy Caluiniste, tel qu'est ce miserable banqueroutier & apostat de la foy Catholique, Henry de Nauarre : si paraduanture ils ne croyent estre plus doux l'esprit des Caluinistes, que autresfois n'a esté celuy des Arriens. Mais les tragedies d'Angleterre, crient bien autre chose, les exils, les prisons, les gibets, & ces grands meurdres, & grande multitude horrible des gens massacrez & tuez, lesquelles les Caluinistes ont faict l'an mil cinq cens soixante & deux, en plusieurs parties de nostre pauure France, & qu'ils ont faict encores en Belge l'annee mil cinq cens septante & deux. Qui est-ce qui ne sçait, combien ils auroient despouillé & ruyné tant de beaux temples : combien de beaux monasteres, combien de villes & villages ils auroient mis à sac? En combien de lieux ils auroient renuersé les sacrez autels, auroient profané les vaisseaux sacrez, auroient brisé & fracassé les saincts Images de IESVS CHRIST, & de ses Saincts, auroient enfouy les saincts Reliquaires, bruslez & les auroiẽt iettez dãs les fleuues cloaques & esgouts? Combien souuent ils ont respandu en terre le precieux corps & sang de nostre benoist Sauueur & Redempteur IESVS CHRIST, l'auroient conculqué & foulé aux pieds, l'auroient ietté & offert aux Chiens? & faict milles autres indignitez & inhumanitez, lesquelles d'horreur font trembler les hommes à les ouyr reciter? Mais que diray-ie des massacres horribles & cruels? n'ont ils pas diuisé & fendu par la belle moytié les pauures petits enfans, comme ont fait autrefois les Arriens? n'ont il pas escorché les faces & visages des Prestres? n'ont il pas tout d'vn seul coup, fédu & departy leurs testes en deux? Nont il pas porté au col, pour colliers & cargnans les aureilles des pauures Ecclesiastiques, & ministres de Iesus Christ nostre souuerain Seigneur? N'ont il pas aussi arraché les entrailles, à quelques vns, tous viuans, par vne extraction lente & de longue duree? N'en ont ils pas liez & garrottez plusieurs à des posteaux, & les ont tyrez à coups de harquebuzes & pistolles? N'en ont ils pas ietté plusieurs, en des puys creux, & aux precipices de quelques profondes vallees? N'en ont ils pas enterrez de tous viuants? N'ont ils pas contraint vn pauure Prestre, de deuorer ses propres parties genitalles, apres les luy auoir couppees, en la premiere ville du Maine, & vn peu de temps apres, encores tout viuant & respirant luy ont il pas ouuert le ventre, d'autant qu'ils disoient vouloir congnoistre si l'estomach humain pouuoit bien digerer & cuire vne telle sorte de viande? N'ont ils pas aupres d'Orleans ces cruelles bestes & tygres enragez, bruslé ensemble auec l'Eglise de pauures enfans, lesquels de peur de leur rage & felonnie, s'estoient retirez dans la tour d'icelle Eglise, & les vns s'enfuyant qui estoient eschappez par les fenestres, ne les ont-ils pas de rechef reiettez & mis au feu? spectacle, certes digne de commiseration & douleur. Toutes ces choses & encores plusieurs autres, n'ont-ils pas encores auiourd'huy tesmoings viuans & oculaires? Toutes ces choses ne surpassent elles pas toute la cruauté des tyrans Barbares, & puis bien dire des bestes mesmes les plus feroces & cruelles, & des diables infernaux? Que si les Caluinistes ont osé faire toutes ces choses (cõme vrayement ils ont faict) encores soubs des Princes subalternes, & qui estoient encores detenus soubs la crainte du Roy, que feroient-ils ie vous prie, s'ils voyoient vn Prince souuerain & vn Roy tres-puissant estre de leur secte? & s'ils ont vsé de si grand carnage & cruauté enuers les Catholiques, encores qu'ils n'eussent iamais receu le semblable d'eux, ny mesmes la moindre iniure, quand seront-ils souls & assouuiz du sang des Catholiques : quand la memoire de la ſainct Barthelemy ſe repreſenteroit deuant leurs yeux? maintenant donc que ceux auſquels appartient & touche ceſt affaire, voyent, & ſe facent ſages des miſeres & calamitez de leurs pauures voiſins d'Angleterre, & conſiderent ſagement ſi cecy n'aduiendra pas, s'ils reçoiuent pour leur Roy vn heretique, vn heretique encores Caluiniſte, tel qu'eſt ce miſerable Henry de Nauarre.

CHAP. XXXI.

MAIS il y a encores vne autre cauſe, pourquoy la vraye religion ne peut eſtre ſauluee & garantie, ſoubs vn Prince & Roy heretique. Car ſ'il y en à encores quelques vns, leſquels ny l'exemple des Roys n'a peu tirer & induire à l'hereſie, n'y aucune force & violence des ennemis de la foy, les aye peu contraindre de ſ'exiller & bannir: toutesfois ceux la leſquels ſont paraduenture fort peu, de leur france & liberalle volonté delaiſſent leur patrie, & eſliſent vn exil volontaire, tant affin qu'ils obeiſſent aux ordõnãces & loix de l'Egliſe qui enſeignẽt de fuir les heretiqs: cõme auſſi de peur deveoir deuant leurs yeux, les miseres de leur pauure patrie: & de peur finalement, que au detriment & peril de leurs ames, ils ne côuerſent auec les ennemis de Dieu. Qu'ils entendent ſainct Paul, qui admoneſte a la 2, au Timoth. 3. qu'il faut fuir & euiter vn homme heretique. Qu'ils entendent ſainct Iean en ſa ſeconde, qui commande, que ceux qui ſont tels, à ſçauoir heretiques, ne doibuent point eſtre admis en la maiſon, & qu'il ne leur faut point donner, & faire aucune ſalutation: Qu'ils entendent ſainct Leon diſant & preſchant auſſi pourueu d'vn eſprit & authorité Apoſtolique: *Viperea hæreticorum vitate colloquia. Nihil vobis commune ſit cum eis, qui Catholicæ aduerſantes fidei, ſolo ſunt nomine Chriſtiani*, Qu'ils entendent ſainct Cyprian, diſant. *Declinent autem fortiter & euitent dilectiſsimi fratres noſtri verba & colloquia eorum, quorum ſermó, vt cãcer ſerpit. & item, nulla cum talibus commercia copulentur, nulla crimina, vel colloquia miſceantur, ſimuſque ab eis tam ſeparati, quam ſut illi de Eccleſia profugi.* Et de rechef il dit *nulla ſocietas fidei & perfidei poteſt eſſe, qui cum Chriſto non eſt, qui aduerſarius Chriſti eſt, qui vnitatis & pacis inimicus eſt, nobiſcum non poteſt co-*

au ſermon 18. de la paſsion de noſtre Seig.

Lib. 1. Epiſt. 3. ſur la fins.

S. Athan. en la vie de S. Antoine.

hære. Qu'ils entendent d'auantage, ceste grande colomne de l'Eglise sainct Anthoine, lequel iamais ne dist aucũ propos amiable aux heretiques, mais auoit de coustume de commander à ses disciples, de n'approcher aucunement des heretiques, & nous craignons disoit il de nous mettre pres de ceux ou de nous en approcher? lesquels sont mallades de peste. Car premierement l'heresie, est vne peste tres-pernicieuse, elle adhere & reside, aux paroles, aux liures, elle peut estre inspiree & hullenee, par le seul coloque ou discours. Parquoy veu que ceux la entendent fort biẽ toutes ces choses, & qu'ils ne doubtent aucunement que la vraye foy Catholique, & vn don & tres-haut Seigneur de Dieu, est que c'est la fontaine, origine & fondement de tout bien: Ils ayment mieux estre priuez de leur patrie, que de la foy : Et estre despouillez de tout leur patrimonie & temporel, que d'estre forcloz & bannis de Royaume celeste. Et certainement, auec quel courage, les vrays enfans & legitimes de l'Eglise pourroient ils honorer & reuerer celuy la pour leur Roy : lequel ils ne pourroient receuoir en leurs maisons, Iesus Christ le

prohibant

prohibant & deffendant, par son Apostre? Auec quelle voix, & heureuses acclamations & applandissemens de ioye pourroient ils poursuyure & biẽheurer sa venue lequel simplement rencõtré par le chemin, l'Apostre deffend de saluer & luy donner le bon iour? Auec quel tesmoignage de cõscience, luy presteroient ils serment de fidelité, lequel ils ne doubtent aucunement qu'il ne soit rebelle à Dieu, fugitif de l'Eglise, & lequel à delaissé la deffence, de la religion Chrestienne? Mais au contraire auec quels pyteux regards & auec quels yeux pourroient regarder & entendre à la consecration & inauguration de ce Roy, lequel ils sçauent, & congnoissent ce mocquer & rire de telles saintes ceremonies de l'Eglise, & qu'il ne fera point le serment solemnel, ou à tout le moins qu'il ne le gardera, à sçauoir d'estre le deffenseur & protecteur de l'Eglise Catholique? Car quand sera ce, que le Caluiniste iurera & promettra de bon cœur qu'il sera le propugnateur & deffenseur de l'Eglise Catholique, Apostolique & Romaine, laquelle il veult & desire totalement euertir & ruiner, & de toute sa puissance la veult oppugner? Donc ce n'est de merueilles, si soubs vn Roy heretique la religion Catholique & vraye, ne peut longuement estre conseruee ny maintenuë, veu que tous les Catholiques, ou se rendroient & s'accorderoient à l'heresie, affin d'acquerir la bonne grace d'vn tel Roy: ou bien, par iceluy mesme ils seroient punis de mort, ou d'exil & de prisons ou bien eux mesmes changeroiēt leur propre pays pour s'en aller en exil, & perdre le doux air de leur pauure patrie.

Sommaire de toute la dispute

CHAP. XXXII.

EN fin il nous à semblé bon, de reduire le sommaire & substance de toute la dispute, en trois syllogismes, affin qu'vn chacun entende, la forclusion de Henry de Nauarre, au droit qu'il pretend luy appartenir à la succession du Royaume de France, & est ceste dispute grandement esbranlee, par trescertains & indissolubles arguments & demonstrations.

Premier syllogisme.

TOVS les Huguenots son heretiques:
Henry de Nauarre est Huguenot,
Parquoy Henry de Nauarre est heretique.

Second

HENRY de Nauarre est heretique: Tous les heretiques sont priuez legitimement, par le sainct siege Apostolique, du droit de succession aux Royaumes.

PARQVOY Henry de Nauarre, est priué legitimement par le sainct siege Apostolique, du droit de succession qu'il pretẽd auoir au Royaume de France.

Le troisiesme.

Henry ne Nauarre est priué legitimement, comme heretique, par le sainct siege Apostolique, du droit qu'il pretendoit à la succession du Royaume de France.

Ceux qui esleuent au Roiaume les heretiques, condamnez du sainct siege Apostolique, & priuez du droit de succession aux Royaumes: tous ceux-là se demonstrẽt peu soingneux de la Religion & du Roiaume, ou à mieux dire traistres, comme sont les politiques de ce temps.

Parquoy Henry de Nauarre ne peult estre esleué au Royaume, sinon paraduanture de ceux lesquels ne se soucient pas beaucoup de la religion, ou plustost par les traistres politiques susdits.

La proposition du premier syllogisme est assez demonstree par trescertains & veritables argumens, en toute la seconde partie, de celle nostre dispute. L'assomption du mesme syllogisme est concedee de nos adversaires, c'est à sçauoir, que ce mesme heretique nostre aduersaire l'approuue par faict & par paroles.

L'assomption du second syllogisme est la conclusion du syllogisme precedent, & pour ceste cause il n'a aucun besoin de nouuelle preuue. La proposition du mesme syllogisme est assez appertement prouuee en toute la troisiesme partie de ceste dispute.

L'assomption du troisiesme syllogisme, veu qu'elle est la conclusion du second syllogisme, ne requiert point d'autre preuue. La preuue du mesme syllogisme est assez prouuee en toute la quatriesme partie de nostre responce & dispute.

Louange & honneur soit à la saincte Trinité.